बालक श्यौराज
महा शिलाखंडों का संग्राम

# बालक श्यौराज

## महा शिलाखंडों का संग्राम

डॉ. धर्मवीर

वाणी प्रकाशन

**वाणी प्रकाशन**

*4695, 21-ए, दरियागंज, नयी दिल्ली 110 002*

शाखा

*अशोक राजपथ, पटना 800 004*

फ़ोनः +91 11 23273167 फ़ैक्सः +91 11 23275710

www.vaniprakashan.in
vaniprakashan@gmail.com

BALAK SHEORAJ : MAHA SHILAKHANDON KA SANGRAM
*by* Dr. Dharam Veer

ISBN : 978-93-5072-709-6
Criticism



प्रथम संस्करण

मूल्य : ₹ 250



*हर्ष प्रिंटर्स, दिल्ली-110 093 में मुद्रित*

*वाणी प्रकाशन का लोगो मक़बूल फ़िदा हुसेन की कूची से*

# भूमिका

पता चलता है कि बाबा साहेब डॉ. अम्बेडकर अपनी आत्मकथा लिखनी चाह रहे थे। उसके कुछ अध्याय लिखे मिले भी हैं। यदि वे उसे लिख देते तो वह हमारे लिए अच्छी बात होती। लेकिन उसे वे नहीं लिख सके। यह भी पता चलता है कि वे जोतिबा फुले पर भी एक पुस्तक लिखनी चाह रहे थे। दुख की बात है कि वे उसे शुरू भी नहीं कर सके। इससे भी ज्यादा दुख की बात यह है कि 'द बुद्धा एण्ड हिज धम्मा' के रूप में वे 'एक क्षत्रिय राजकुमार' की जीवनी लिख गए। यह बहुत गलत हुआ। हमारे सबसे तीक्ष्ण और तेज तर्रार चिंतक और लेखक का सारा महत्वपूर्ण समय एक पराई जाति के महापुरुष के गुणगान करने में बीत गया। इस मामले में हमारा साफ कहना है कि हमें जीवनी और विचार के मामले में डॉ. अम्बेडकर से प्रेरणा मिलती है, किसी बुद्ध से नहीं। यह अनहोनी नहीं थी तो क्या थी कि कबीर को अपना गुरु मान कर भी वे कबीर पर एक लेख तक नहीं लिख सके? जाने क्यों उनकी कलम इस तरफ नहीं चली जबकि वे एक वर्सेटाइल लेखक थे?

यह डॉ. श्यौराज सिंह ने अच्छा किया कि अपनी आत्मकथा 'मेरा बचपन मेरे कन्धों पर' लिख दी है। उन्होंने यह और भी अच्छा किया कि अपने बचपन को इतनी गहराई और इतने विस्तार से हमारे सामने रख दिया। यह भारतीय बच्चों पर उनका उपकार है। इस पुस्तक की वजह से लोगों को इस व्यक्ति के प्रति कृतज्ञ होना चाहिए। यह व्यक्ति पढ़े-लिखों के लिए देवता है। जब यह पुस्तक आई थी, मैंने लेखक से कहा था कि लेखक को यह पता नहीं है कि उन्होंने यह कितनी अच्छी पुस्तक लिख दी है और प्रकाशक को धन्यवाद देते हुए प्रकाशक से कहा था कि प्रकाशक को यह पता नहीं है कि हिन्दी में उन्होंने यह विश्व स्तर की पुस्तक छाप दी है। कहना यह है कि सफल व्यक्ति कहीं भी पैदा हो सकता है–कैसे–यह वह खुद जाने। उसका एक उदाहरण श्यौराज सिंह 'बेचैन' की यह पुस्तक ही है। और हाँ, इस पुस्तक को पढ़ कर शायद अब कौओं की वह कांय-कांय बंद हो जानी चाहिए कि गैर-दलित भी दलित साहित्य लिख सकते हैं।

मैंने अमेरिका के राष्ट्रपति बराक ओबामा की आत्मकथा 'ड्रीम्स फ्रोम माई

फादर' पढ़ी है। उसी संदर्भ में कह रहा हूँ कि दुनिया में बहुत सारे ओबामा हैं—हर देश में, हर समाज में, और हर भाषा में। हमारे ओबामा श्यौराज सिंह हैं—उनसे भिन्न भी और अपनी जगह विशिष्ट भी। कहना इसलिए पड़ रहा है क्योंकि हमारे भारत देश में यह समय 'गरीबी मिटाओ' के नारों का है। देश से गरीबी मिटाने के लिए बड़े-बड़े दिमाग काम कर रहे हैं, पर गरीबी मिट नहीं रही है। मेरा कहना है, गरीबी को मिटाने के लिए योजना बनाने और उनके कार्यान्वयन के लिए इस आत्मकथा के लेखक से सलाह ले ली जाए तो नारों को ठोस अर्थ मिल सकते हैं। ऐसे लोग अपनी कीमती सलाह बिना मेहनताना लिए देने को तैयार रहते हैं।

धार्मिक बात उठाई जाए तो यह जगदगुरुओं का भारत है, लेकिन किसी जगदगुरु को इस मुश्किल भारत से परेशानी नहीं है, जिससे डॉ. श्यौराज सिंह बेचैन गुजर रहे हैं। यह कैसी गुरुडम है कि जिस समाज से शंकराचार्य पैदा हो रहे हैं, उसी समाज में दूसरे छोर पर श्यौराज की गरीबी, गुलामी और छुआछूत कहर ढा रही है? इस पुस्तक को पढ़ने से लगता है, मानो मक्खलि गोसाल ही जगह-जगह की गुलामी से भागे-भागे फिर रहे हैं। यह हमें पूर्ण कश्यप की बंधन से मुक्ति का याद दिला देती है। डॉ. श्यौराज सिंह बेचैन ने अपनी ऐसी एक गुलामी से छूटने के बारे में इस पुस्तक में लिखा है—"मैं फिर कभी होटल की ओर नहीं लौटा। बल्कि अपनी मजूरी लेने भी नहीं गया। इस मोर्चे पर भी मैं नाकामयाब रहा। पलायन ही कहिए उसे, पर जो घटित हुआ, वह मेरे भविष्य की तरह नियोजित और निश्चित नहीं था।"[1]

साहित्य की कसौटी यह है कि वह सदाचार का पक्षधर, मानवता का हितैषी और मनुष्य के मन के कोने-कोने का खोजी होना चाहिए। इसके उलटा, ब्राह्मणी साहित्य सदाचारी होने के स्थान पर आध्यात्मिक होने लगता है—यह दम्भ नहीं तो क्या है? बिल्कुल, वह जारसत्ता चलने नहीं दी जानी है जिसमें बच्चे को अपने बाप के नाम का पता न हो और वह कथा भी आगे नहीं बढ़ने दी जाएगी जो इस आत्मकथा में रखैल के बेटे भज्जन की है। वेश्याओं के बच्चों को कितनी मुसीबत होती होगी जिनके पास न बाप है और न ही बाप का नाम? इसका अंदाजा इसी बात से लगाया जा सकता है कि श्यौराज के पास बाप का सम्मानजनक नाम है, पर बाप नहीं है।

अंत में, अपने उन शब्दों को दोहराने की अनुमति चाहूँगा जो इस पुस्तक 'मेरा बचपन मेरे कन्धों पर' के पहले इनर फ्लैप पर लिखे गए हैं। वे इस प्रकार हैं :

"डॉ. श्यौराज सिंह जी,

आपकी आत्मकथा का अंश 'यहाँ एक मोची रहता था' मैंने पढ़

लिया है। दर्द ही दर्द है, कष्ट ही कष्ट है। मुझे लगा है, आपके साथ गालिब वाली बात घट गई है। उस महाकवि की ग़ज़ल का एक शे'र है–

**रंज से खूंगर हुआ इंसा तो मिट जाता है रंज**
**मुश्किलें मुझ पर पड़ीं इतनी कि आसां हो गईं।**

यह शे'र आपकी आत्मकथा पर पूरी तरह फबता है। मेरे खयाल से, बचपन की सहजात शक्ति आप आज बड़े स्तर पर सुरक्षित और संजो कर रखे हुए हो।...वर्णन में आप अपनी शैली में रहे हो। आपकी शैली दूसरे लेखकों से अलग पहचान की है। यह शान्त और ज्यादा प्रभावकारी है...

–डॉ. धर्मवीर''[2]

मैं आजीवक धर्म की बात कर रहा हूँ तो लोग मुझसे उसके संस्थापक मक्खलि गोसाल के बारे में जानना चाहेंगे। वे मुझसे उनकी जीवन-कथा पूछेंगे। मेरा उत्तर है कि नए मक्खलि गोसाल की जीवनी मेरे पास है और नए मक्खलि गोसाल ने अपनी आत्मकथा लिख दी है। इस आत्मकथा का शीर्षक 'मेरा बचपन मेरे कंधों पर' है और ये हमारे नए मक्खलि गोसाल श्यौराज सिंह बेचैन हैं। इनका नाम इनकी परंपरा में ठीक करके 'श्यौराज सिंह गोसाल' रखा जा सकता है। जब तक किसी के द्वारा मक्खलि गोसाल की जीवनी नहीं लिखी जाती है, तब तक 'मेरा बचपन मेरे कंधों पर' ही उनकी जीवनी है।

इस पुस्तक का उप-शीर्षक 'महा शिलाखंडों का संग्राम' आजीवक धर्म से लिया गया है। मूल शब्द 'चरिमे महा शिलाखंडे संगामे'[3] है।

यह पुस्तक लिखने के दौरान एक घटना अजीब घट गई है। यह मेरी चमार जाति के एक वर्तमान लेखक को ले कर है। मैंने विचारों की चोरी की उस घटना पर प्रमाण सहित एक लेख लिखा है। उसे अन्यत्र दे रहा हूँ। यहाँ केवल इतना कह रहा हूँ कि 'सत्ता चक्र' में यह जानना बहुत महत्त्वपूर्ण है कि बाजा-बाजा लेखक क्या होता है। इससे मनुष्य की ईगो का संश्लिष्ट मनोविज्ञान, मौजमस्ती का जटिल अर्थशास्त्र और सुविधा भोगी उदारवाद का सस्ता बिकाऊपन– सब कुछ लपेटे में आ जाते हैं। लेखक दुनिया भर के विषयों पर लिखते हैं, पर भारत में खुद लेखकों को विषय बनाया जाना चाहिए कि यह हमारे सामने का पुरातत्त्व है और इतिहास बनने देने से पहले इसे अच्छी तरह खंगाल लेना चाहिए। इस देश के केवल लेखक ठीक होते तो इनकी विदेशियों के लिए पहचान चोरों की, इनके कर्म जारों के और इन

की लिखतें प्रक्षिप्त और किंवदंतियों के झूठ की न होतीं।

जागृति विहार, मेरठ
15 जुलाई, 2010

—डॉ. धर्मवीर

## संदर्भ


1. मेरा बचपन मेरे कंधों पर, श्यौराज सिंह बेचैन, वाणी प्रकाशन, 21-ए, दरियागंज, नई दिल्ली-110 002, प्रथम संस्करण, 2009, पृ. 243
2. वही, पहला इनर फ्लैप
3. History and Doctrines of the Ajivikas : A Vanished Indian Religion, A. L. Basham, Luzac & Company Ltd. 46 Great Russell Street, London, W.C. 1, Edition, 1951, p.-68

# विषय सूची

# बालक श्यौराज : महा शिलाखंडों का संग्राम

अध्याय-1

# रणनीतियों के शिकार लोग

क. चमार जाति के बारे में
ख. हिन्दू अस्पृश्यता का जहर
ग. छेकना और सामाजिक वापसी
घ. चमार-भंगी का रिश्ता

## क. चमार जाति के बारे में

पुस्तक 'मेरा बचपन मेरे कंधों पर' के लेखक ने जाति प्रथा के बारे में काफी सोचा है। उसने खासमखास अपनी चमार जाति के बारे में काफी ऊहापोह की है। वह सोचता है और आश्चर्य और दुख से परेशान होता है। उसने लिखा है—'''पशुओं में गधा', 'पक्षियों में उल्लू' और 'जातियों में चमार'—ये कहावतें हमारे प्रति सवर्णों की दलित विरोधी मानसिकता को उजागर करती हैं। यह एक दिन में तैयार नहीं हुई। ये जख़्म इतने गहरे हैं कि हम दर्द से तड़पने के बजाय सहन करने के अभ्यस्त हो गये हैं सब कुछ स्वाभाविक लगता है। बर्दाश्तगी ही हमारी नियति बन गयी है। ये अपशब्द हमारे टोले के हर घर में लगातार सुनने को मिलते हैं। सवर्णों की जुबान पर चढ़े ये शब्द चमार कैसे बर्दाश्त करते रहे, यह आश्चर्यजनक है। दुनिया में कहीं मान-सम्मान और मनुष्य की गरिमा जैसी भी कोई वस्तु होती है, यह चमार नहीं जानते? इतना सीमित कर दिया गया उनकी बुद्धि विवेक का दायरा कि वे अपने क्रांतिकारी स्वरूप को पहचान ही नहीं पाए। गोया प्यार हो गया हो उन्हें इन कुशब्दों से। 'गधेराज चमार', 'चमार की औलाद', 'क्या चमार पंचायत लगा रखी है', ऐसे मुहावरे लोगों ने बनाए और बार-बार प्रयोग में लाकर स्थापित कर दिये।''[1] वह इस बात को भी समझ पाया है कि द्विज लोग उसकी

जाति को घृणा और हिकारत से देखते हैं। यह यहाँ तक है कि इस जाति के व्यक्तियों के नाम तक बिगाड़े जाते हैं। उन्होंने लिखा है—"व्यक्तियों और जातियों के नामों के पीछे जो सम्मान और हिकारत का भाव होता है, वह मैं बाद में समझ पाया। ब्राह्मणों ने क्यों मेरे गाँव के चमारों के नाम दुर्जना, खचेरू, खूबा, दुंडा और घुरऊ वगैरह रखे, और क्यों यादवों ने भी अच्छे-खासे नामों—बिधाराम को बीधा, गंगाराम को गंगी, राधेश्याम का रधुआ, सौराज को शौरा करके विकृत कर दिया।"[2]

ब्राह्मणी चिंतन ने इस देश का जो भारी नुकसान किया है वह इस रूप में सबसे ज्यादा है कि श्रम को और श्रमिक जीवन को हेय दृष्टि से देखा है। वह हर श्रमिक पेशे को छोटा मानता है। चमड़े से जुड़े पेशे के बारे में तो उसकी छुआछूत की हद हो गई है। इससे पेशेगत जातियों के लोगों के मन में हीनता घर कर गई है। चमार जाति के व्यक्ति की उन्नति का मतलब केवल यह हो गया है कि वह चमड़े का काम करना छोड़ दे। इस गलत सोच ने भारतीय मनुष्य को किसी दीन का नहीं रहने दिया। ऐसा नहीं सोचा गया कि चमार के पेशे के बिना किसी समाज गठन की कल्पना नहीं की जा सकती। यह सवाल इस आत्मकथा में भी उठा है—और ज्वलंत रूप में उठा है। श्यौराज अपनी कलावती बुआ के चचेरे ससुर 'कारे बाबा' से सवाल पूछते हैं जिनके दो बेटे अफसर बन गए हैं और तीसरा बेटा चमड़े की ठेकेदारी कर रहा है। दुचश्मी सवाल-जवाब इस प्रकार हैं—"मैं उनसे सवाल करता हूँ—"बाबा सब बदले, सबने धंधे बदले, आप नहीं बदले, क्यों? वे तपाक से कहते हैं। बैठ और सुनि मैं कारोबार तो आज बदल देऊँ पर मेरी जाति बदलैगी का? चाम रँगत-रँगत मेरी देह को चाम (त्वचा) तक रँग गई। मेरे नाखून भीतर तक रँग गये मैं देह पैतें अपनी खाल उतारि के फेंकू का? रही बात चाम को काम छोड़न की, सो जिनने गे काम छोड़ि दयौ, उनकी का हालत भई? जमीन जायदाद तो उन पै हती नांय कोई बिजनिश नांयी का करते? का खाते? रोटी तो सब कूँ चाहिए। बाप दादा कौ पुश्तैनी काम छोड़ौ तो गाम छूटि गयौ! भट्टनु पै भागे। बहू बेटिनु तें ईंटे पथवायीं। बालक पढ़ि नाँय पाये। ब्याह नाँय भए। मालिकनु ने बहिन-बेटियाँ उठाइ लईं, उनके संग बलात्कार करे, लौटि कें आये तब तक चाम के धंधे सरकारी है गये। ठेका मुसलमान लैन लगे। पकी खालें बनिए विदेश भेजन लगे। अब बाटा तो चमार नाँय भयौ बातें तो छूतछात नाँय कत्त ब्राह्मण और मैंने जायी काम मैं तें दस बीघा जमीन खरीदी, यादराम एम.एस-सी. करायौ। ओग्गा बी.एस-सी. दोनों इलाहाबाद में अफसर बने। भगवती दस पास नाँय करि पायौ पर पढ़ि गयौ तो ठेकेदार बनि गयौ।"[3]

सही बात यह है कि कारे बाबा की सोच ही ठीक है। वे ब्राह्मण की चलाई

हुई इस चाल में नहीं आए कि चर्म-शोधन का सामाजिक पेशा किसी भी तरह से हीन पेशा है। सच बात यह है कि समाज का कोई पेशा हीन नहीं है। यदि कोई हीनता है तो वह कमा कर न खाने में है। भीख माँगने में हीनता है, चोरी और डकैती डालने में हीनता और अपराध है। कमाने खाने में कैसी हीनता–किस की हीनता? एक गलत सोच ने समाज को पागल बना रखा है। हीनता बेहयायी में है, अपने शहर की गलियों में झाड़ू लगा कर उन्हें साफ-स्वच्छ रखने में कैसी हीनता? एक नियम बन जाना चाहिए कि जो सड़कों को साफ नहीं करेगा, वह उन्हें गंदी भी नहीं करेगा।

दुनिया के हिसाब से यह एक आश्चर्य ही है कि चमार जाति का आदमी भीख नहीं माँगता। भीख माँगनी इसकी संस्कृति में नहीं है। निश्चित रूप से, चमार जाति आजीवक समाज से है। आश्चर्य यह भी है कि चमारों को मिसरिप्रेजेन्ट करने के लिए प्रेमचंद ने अपने उपन्यास 'रंगभूमि' में सूरदास नाम का चमार जाति का नायक भीख माँगता दिखाया है। न भीख माँगना और न निठल्ला रहना–चमार जाति के व्यक्ति की यही असली पहचान है, जो प्रेमचंद के उपन्यास में नहीं है।

इस दृष्टि से, डॉ. श्यौराज सिंह ने खुद को समझने की कोशिश की है। वे लिखते हैं–"जानें क्यों शुरू से ही मुझे निठल्ले लोग पसंद नहीं आते। किसी भी काम को जिम्मेदारी से न करने वालों पर तो मुझे गुस्सा आ जाता है।"[4]

उन्होंने इसकी ऐतिहासिकता ढूंढ़ी है कि कमा कर खाना उनके खून का हिस्सा है। वे लिखते हैं–"विवशता के कारण मैं ऐसा कुछ भी करने को तैयार रहता था, जिससे मेरा पेट तत्काल भर जाये और कल के लिए चार पैसे मिल जाएँ। पैसे नहीं तो रोटी ही सही। पर मेहनत से किसी-न-किसी तरह कमा कर, मुफ्त में नहीं। यही अहम गुण मेरे खून में, मेरी कौम और मेरे पुरखों के स्वभाव व संस्कार में समाहित थे।"[5] डॉ. श्यौराज सिंह ने अपने आजीवक धर्म का अनुपलब्ध धर्मग्रन्थ 'दिशाचार' पढ़ लिया है जब अपने पुरखों की मेहनत के बारे में लिखा है–"इस हाल में भी मेरे पुरखे बिना मेहनत की कमाई का एक निवाला तक खाना पसंद नहीं करते थे। उनकी खुद्दार जिन्दगी मेरे लिए सबक है। किसी का मुफ्त दिया मत खाओ, जो खाओ उसका मूल्य अपनी मेहनत से चुकाओ। यही उनका अघोषित और अलिखित सिद्धान्त था जो उनके स्वभाव और व्यवहार से प्रकट होता था। भीख या मुफ्तखोरी के प्रति वही तिरस्कार मेरे बाल व्यक्तित्व में समाहित हुआ।"[6] इस मामले में उन्होंने अपने कुटुम्ब का ही हवाला दिया है–"मेरे निरक्षर परिजन रोज की मेहनत पर ही आश्रित थे। एक समय हालात भिखारियों से भी बदतर हो गये थे। पर खुद्दारी थी कि काम करके ही खाना है, भीख या रहम का निवाला नहीं।"[7]

चमार जाति के लोग इस सच्चाई को अच्छी तरह समझते हैं कि भीख माँगनी

एक हेय चीज है। यही कारण है कि वे ब्राह्मणों से अपना अंतर बना कर रखते हैं। जब श्यौराज के अन्धे ताऊ बाबू राम कबीर की तर्ज का गीत गाते हैं तो शर्मा जी उन पर व्यंग्य कसते हैं, पर ताऊ द्वारा जो इसका जवाब दिया जाता है, वह और बड़ा व्यंग्य हो जाता है। संवाद इस प्रकार है–"आख़िर शर्माजी व्यंग्य करते–क्या बाबू गा-गा के रेल में भीख माँगतु है? ताऊ कहते भीख माँगतो तो जूती क़ाहे गांठतो। भगवान ने भीख ब्राह्मणनु कूँ बनाई है।"[8]

बात केवल भीख न माँगने की या मुफ्त की रोटी न खाने तक सीमित नहीं है, बल्कि यह चोरी न करने की भी है। चमार जाति के संस्कारों में चोरी करनी भी नहीं है। एक बार बालक श्यौराज को चोर बनाने की कोशिश की जा रही थी तो उनकी माँ ने उन्हें बचाया था। इस प्रकरण पर आत्मकथा लेखक ने लिखा है–"...चमारों में चोरी, उठाईगिरी का धंधा नहीं होता था। सभी अपनी मेहनत की खाते-कमाते थे। सो मुझे भी मेहनत के ही रास्ते पर जाना था।"[9]

एक अच्छे समाज निर्माण के लिए चमार जाति के कई अच्छे लक्षण हैं। इनमें से एक शराब न पीने का है। यदि कोई व्यक्ति शराब पीता है तो वह बुरा व्यक्ति माना जाता है, अच्छा व्यक्ति नहीं। यह कितनी बड़ी विशेषता है कि कोई शराब पीता है तो वह बदनाम होता है। डॉ. श्यौराज सिंह ने अपने घर-परिवार और गाँव के पूरे चमरियाने की गवाही दी है–"जहाँ तक मेरी याददाश्त है, मेरे घर-परिवार के जो संस्कार रहे उनमें शराब, जुआ या अन्य व्यसनों के लिए कोई जगह नहीं थी...मेरे घर सहित पूरे चमरियाने में दारूबाजी का चलन तो दूर नशीले पदार्थों का नामोनिशान तक नहीं था।"[10] एक चमारों की बात नहीं, बल्कि आत्मकथाकार अपने पूरे गाँव के बारे में बताते हैं–"...दारूबाजी उन दिनों मेरे गाँव में किसी जाति में नहीं थी। हजारों में एक-दो शौकीन थे वे भी छिपे हुए।"[11] फिर भी, दुर्भाग्य देखिए कि लेखक के पिता की मृत्यु शराब पीने की वजह से हुई। वह शादी का समय था। वे अपनी बहन के यहाँ भात भरने गए थे। बालक श्यौराज उनके साथ था। इसका मतलब है, शादी वगैरह के मौके पर कुछ लोग शराब पी लेते थे। लेकिन, लेखक के पिता तो ऐसे मौकों पर भी शराब नहीं पीते थे। जब लेखक के पिता को शराब पिलाई गई और वे बीमार हो गए तो लेखक की बुआ अपने भाई के बारे में कह रही थीं–"जब मेरो भैया शराब नाँय पीअतु है तो जिद्द करि-करि कें और कसमें चढ़ाइ-चढ़ाइ कें क़ायें कूँ पिलाई नाशपीटेओ! का ब्याह-बरात में जहर पीनों जरूरी है?"[12]

## ख. हिन्दू अस्पृश्यता का जहर

हिन्दुओं ने दुनिया में एक नई चीज की सृष्टि कर रखी है। यह इनकी अपनी रचना है। यह छुआछूत है। इतिहास और समाजशास्त्र के खोजी विद्वान तय नहीं कर पाए हैं कि हिंदुओं ने अपनी इस बेशकीमती चीज की रचना किस दिन की थी, लेकिन यह तुलना जरूर की जा सकती है कि जबकि चीन के लोग संसार के महान आश्चर्य के रूप में चीन की बड़ी दीवार बना रहे थे, तब हिन्दू लोग भारत में मनुष्य और मनुष्य के बीच में छुआछूत की भीतें तैयार कर रहे थे। ये लोगों के दिलों को नफरतों की दीवारें खड़ी करके फाड़ रहे थे। मनुष्य-मनुष्य के बीच संबंधों के नाम पर जहर घोल रहे थे। पर इसमें यह बात भी सच है कि उसी दिन से, हिंदुओं ने भारत देश पर अपना राज करने का अधिकार भी खो दिया था। हिंदुओं ने छुआछूत बरतने की यह कीमत इतिहास भर में दी है। किसी ने अभी यह आकलन नहीं किया है कि हिंदुओं का अपराध ज्यादा है या उन्हें कम दंड मिला है।

इन लेखक का जन्म स्वतंत्र भारत का संविधान लागू होने के लगभग दस साल बाद हुआ है। संविधान का उल्लेख इसलिए किया जा रहा है क्योंकि संविधान ने छुआछूत को अपराध और दंडनीय घोषित किया है। इसलिए, लेखक के साथ बरती गई किसी भी व्यक्ति द्वारा छुआछूत दंडनीय है। इसी संदर्भ में अगले पन्ने बाँचे जाने चाहिए। ये साहित्यकारों द्वारा मजे लेने के लिए लिखे गए पन्ने नहीं हैं। यह वह साहित्य नहीं है जिसे मनोरंजन की कोटि में रखा जाता है।

दलितों को सबसे बड़ा धोखा उदारवाद से होता है। हिंदुओं का उदारवाद एक ऐसा छलावा है जो कुछ तय नहीं होने देता। उदारवाद किसी काम का नहीं है, किसी मर्ज की दवा नहीं है। इतिहास में इसकी कोई जिम्मेदारी नहीं है, लेकिन यह दलितों को अपने निर्णय नहीं लेने देता। बताया और दिखाया यह जाता है कि हिंदुओं का उदारवाद हिंदुओं के कट्टरवाद का दुश्मन है, लेकिन हर मोड़ के पड़ाव पर उदारवाद निर्णायक रूप से कट्टरवाद का सबसे सगा और सबसे ज्यादा हितैषी सिद्ध होता है। हिंदू उदारवाद बैठा-बैठा दलितों का नुकसान करता रहता है। यह पास आ कर नुकसान करता है। हिंदुओं का उदारवाद दोमुँहा है और यह दलितों को एक मुँह वाले कट्टरवाद से ज्यादा चोट पहुँचाता है। यह बात श्यौराज सिंह बेचैन की इस पुस्तक 'मेरा बचपन मेरे कंधों पर' से भी प्रामाणिक रूप से साबित होती है कि हिंदुओं का उदारवाद हिंदुओं में किसी परिवर्तन का हामी नहीं है। यह बदलाव की हर हवा को रोकता है। यह हिंदुओं का सुरक्षा कवच है।

इस आलोच्य पुस्तक में एक पात्र प्रेमपाल सिंह यादव हैं। ये अध्यापक हैं और छात्र श्यौराज सिंह के मददगार बन कर उभरे हैं। ये आर्य समाजी हैं। इनकी और

इनके घर की छुआछूत का क्या आलम है? फिर, आलम उसी रूप में जाना जाए कि खुद यादव कौम भी समाज के पिछड़े वर्ग की सूची में शामिल है।

श्यौराज सिंह पहली बार अपने मास्टर प्रेमपाल सिंह यादव के घर गए हैं। लेखक उस दिन के बारे में दर्ज करते हैं कि वहाँ क्या बीता था। प्रेमपाल सिंह अपनी पत्नी को 'बऊ' कहते हैं। श्यौराज सिंह के शब्द हैं—"तब वे (प्रेमपाल सिंह यादव) बोले—"बऊ (प्रेमपाल सिंह की पत्नी) इन्हें पहले कुछ खिलाओ-पिलाओ, पहली बार आये हैं। बाद में इनसे बात करेंगे।" उनकी बातें सुनकर मैंने कहा—"मास्साब, मैं कुछ खा नहीं सकता।" उन्होंने पूछा—"क्यों नहीं खा सकते?" तब मैंने बताया कि "मैं अपने साथ अपना कटोरा नहीं लाया हूँ।" उस दिन से पहले मैंने गाँव-भर में किसी यादव या बनिए के बर्तन में खाना नहीं खाया था।" "[13] एक दूसरे गुरु चौधरी रघुनाथ सिंह के घर का वर्णन इस प्रकार है—"यदि वक्त पढ़ाई को भी मिल जाता तो रोटी के लिए मेहनत-मशक्कत मैं करता रह सकता था, गुरु-माता ने पहले दिन से ही मेरी दाल-सब्जी का कटोरा और एक गिलास चक्की वाले कमरे में अलग रखवा दिये थे। मैं एक अछूत जाति का हूँ और कृपा कर रख लिया हूँ, यह बात उन्होंने मेरे मुँह पर ही आसपास की महिलाओं से कही थी...इस मंशा से कि कोई मुझे छू न ले, किसी के साथ धोखा न हो जाए। अतः वे मुझसे दूरी बनाकर रहने लगीं थीं। शायद चक्की का अन्न भी न छूने की नौबत आ जाये। वे मुझे तो चार बजे आकर जगा देतीं—"श्यौराज उठौ, भैंस को सानी करौ बैलों को चारा डाल देउ, गोबर बाहर निकाल कर नेंक जल्दी हाथ पाँव चलइयौ फुर्ती तें झाड़ू मार देउ।" सुबह स्कूल नौ बजे जाना होता था। गुरु जी छह बजे खुद उठते और वे मुझे जगाकर काम बता देते।"[14]

पहले दिन की बात यहीं खत्म नहीं होती। यह पहला दिन बहुत दूर तक चला है—मतलब, आखिरी दिन तक चला है। पहले दिन की शाम का वर्णन है—"पहली शाम ही गुरु-माता चौधरिन ने पशुओं के पास वाले कोठरे में मेरे लिए एक खाट डलवा दी थी। ओढ़ने बिछाने के लिए पुराने कथरे और पशुओं के झूल दे दिये थे। सब्जी खाने के लिए एक कटोरा अलग रखवा दिया गया। उसे खाने के बाद धोकर खुद अपने पास रखना था।"[15] इसके बाद क्या हुआ? मतलब, क्या सामने आया? श्यौराज सिंह बताते हैं—"मैं प्रेमपाल सिंह यादव के घर रहने लगा था। धीरे-धीरे मैं उनके घर के सदस्य जैसा बन गया, फिर भी छूतछात पूर्णतया समाप्त नहीं हुई थी।"[16]

उस घर में अपनी अगली रोजमर्रे की जिन्दगी के बारे में लेखक ने लिखा है—"मास्साब के साथ दिन-भर उनके खेत-क्यारों में काम करता और रात को उन्हीं के घर सो जाता था। छूआ-छूत घर में नहीं थी। फिर भी मैं अतिरिक्त रूप से सचेत रहता था। इस कारण अपने खाने के बर्तन उठाते हुए झिझकता था और उन्हें साफ

करके हमेशा टोकरे से बाहर कोने में रखता था, हालांकि अगली बार बर्तन उसी टोकरे में से उठाए जाते थे। मेरे बर्तन अलग नहीं थे। पर मैं उनमें भी कटोरा या छोटा ही बर्तन उठाता था।"[17]

एक आशा नाम की लड़की हैं। वे एक उदारवादी हिंदू यादव की बेटी हैं। प्रेमपाल सिंह की पत्नी बन कर उनके घर में आई थीं। उनकी पहली पत्नी 'बऊ' ने ही यह दूसरा विवाह करवाया था। आशा ने घर में आते ही श्यौराज के लत्ते घर से बाहर फिंकवा दिए। यह बात प्रेमपाल सिंह यादव के कानों में गई। तब वे श्यौराज से कह रहे हैं—"श्यौराज, तुम जानते हो ये तो आम बात है। मैं उसे समझाऊँगा तो वह घृणा नहीं करेगी। तुम इस बात को दिल में मत रखना। सुधार धीरे-धीरे होता है। आज बऊ तुमसे अस्पृश्यता नहीं करती, लेकिन तुम जानते हो एक समय था जब मटरू वाल्मीकि के भाई से खेत में काम कराते समय मैंने पीतल के कटोरे में उन्हें सब्जी दे दी थी तो बऊ ने कटोरा इतनी तेज आंच में जलाया था कि उसे लगी छूत के साथ-साथ उसकी कलई भी जल गई थी और वह पिघलने पर आ गया था।"[18]

चौधरी रघुनाथ सिंह का एक बेटा है। बालक श्यौराज के साथ उसका व्यवहार कैसा है? श्यौराज ने साफ-साफ शब्दों में बताया है—"गुरु जी का बेटा जो शुरू में मुझसे बराबरी का व्यवहार करता था, जब से उसके घर पर रहने लगा, तब से वह भी जाति को लेकर भेदभाव करने लगा था। भौतिक कारणों ने हमारे सामाजिक रिश्ते बदल दिये थे। व्यवहार मालिक-मजदूर जैसा होने लगा था। वह भी मुझे बंधुआ नौकर और स्वयं को मालिक समझने लगा था। उसके व्यवहार में आया परिवर्तन मुझे उसकी माँ के व्यवहार से भी ज्यादा चुभ रहा था।"[19]

कहने का मतलब यह है कि हिंदू उदारवादी होने का कोई अर्थ नहीं होता। यह एक अर्थहीन शब्द है। यह एक प्रेमपाल सिंह यादव की बात नहीं है—इनमें इनके सबसे बड़े 'महात्मा' गांधी की और इनके उपन्यास 'सम्राट' प्रेमचंद की कथाएँ भी शामिल हो जाती हैं।

पहली बात, प्रेमपाल सिंह यादव, गांधी और प्रेमचंद का ही पूरा सुधार नहीं हुआ है। वे अभी अपने विचारों में विकसित हो रहे हैं। विचारों के इस विकास के लिए एक सौ वर्ष की आयु कम पड़ती है और इतनी किसी को मिलती भी नहीं है।

दूसरी बात, प्रेमपाल सिंह यादव, गांधी और प्रेमचंद खुद कितने भी सुधर लें, इनकी पत्नियाँ अनसुधरी रहती हैं। छुआछूत बरतने में उनकी मानसिकता वही होती है जो बिना सुधरे पतियों की पत्नियों की होती है।

तीसरी बात, प्रेमपाल सिंह यादव, गांधी और प्रेमचंद के दूसरे सारे घरैती, रिश्तेदार, बिरादरभाई और दोस्त वैसे के वैसे ही छुआछूत बरतने वाले लोग होते हैं।

ठीक है, प्रेमपाल सिंह यादव आर्य समाजी हैं। उनके घर में क्या हो रहा है? हिंदुओं के घर कैसे होते हैं? क्या सुधारवादियों की बात उनके घर में कभी चलती है? उनके घर में और उनकी बिरादरी में उनका सुधारवाद कितना कारगर होता है? जो बालक श्यौराज पर यादवों की तरफ से बीत रही है, वह इस प्रकार है :

1. "संस्कृत अध्यापक श्री सियाराम आर्य ने बेंत का दबाव डालकर लौकी झटकते हुए कहा था—रख दे तू, कोई देख लेगा तो क्या कहेगा, कौन खाइगो तेरे हाथ की (?) दबे स्वर में उन्होंने एक दूसरे शिक्षक से कहा—"चमार के हाथ से छिली हुई सब्जी खाना अच्छी बात है क्या? तुम खा पाओगे तोमर साहब? मेरे तो गले के नीचे नहीं उतरेगी एक अछूत के हाथ से छुई हुई सब्जी। प्रेमपाल जी संत हो गए होंगे। पर हम सब तो सामान्य अध्यापक ही हैं।" "प्रेमपाल जी आप इस लड़के को थोड़ा अलग रख कर दूसरी तरह की मदद करें तो करें पर चमार का छुआ हम नहीं खा सकते। खान-पान एक हो गया तो चमारों और यादवों में अंतर ही कहाँ रह जायेगा?" "[20]
2. "बाकी सब तनकर खड़े हो गये। बोले—"अरे भाई कछु ईमान-धर्म को ध्यान रखनो है कै नांइ? अब तुम सब यैर चमार बन रहे हो तो बनो। पर हमें तो धर्म भ्रष्ट मत करो, दावत दे रहे हो या ईमान लै रए हो?" "[21]
3. "उन्होंने मेरे कोट और पैंट को अन्दर टंगे देखा और बऊ से पूछा तो पता चला कि श्यौराज के ही हैं। इस पर आशा ने उन्हें बरामदे से भी बाहर निकालकर दूर भैंस, बैल के झूल-गद्दों के साथ अलग फिंकवा दिया। यह सब अनौखिया बऊ ने देखा तो सवाल किया—"श्यौराज के लत्ता काए कूं बाहर रख दये?" तो उन्होंने कहा—"हमारे यहाँ यादवों के घरों में चमार की कोई चीज आंगन के भीतर नहीं आती है। आप लोग उसके कपड़े अंदर रखते ही क्यों हैं? वह कोई जाति का सदस्य है।" "[22]

ऐसे में बालक श्यौराज क्या करे? वह हिंदुओं के इन रिवाजों को कैसे समझे? उसकी बाल-बुद्धि पर क्या असर पड़ेगा? एक तरफ प्रेमपाल सिंह यादव और दूसरी तरफ प्रेमपाल सिंह यादव की जाति—यह बालक क्या तय करे? बड़ा हो कर लेखक बनने पर वह एक रात की ठंड का वर्णन करता है—"ॐ भूर्भुवः स्वः तत्सवितुर वरेण्यम् भर्गो देवस्य धीमही धीयो यो न प्रचोदयात्" का जाप

निरंतर करता रहा। नींद की तो बात छोड़िए ठंड के मारे मेरी पिंडलियाँ कांप रही थीं। परंतु मेरा संकोच, मेरा डर और मेरा अस्पृश्यता बोध विकल्प नहीं सोचने दे रहा था।"[23] कारण साफ था क्योंकि उसे पता था—"कौन यादव था जिसके पास मैं जाकर सो जाता? कौन अपनी रजाई में सुलाता मुझे? कौन बिस्तर देता एक अछूत को।"[24] इससे पहले भी कम नहीं बीता था। अपने प्रेमपाल सिंह यादव की सगाई में गए तो क्या गए? लेखक ने लिखा है—"रुकना चाह कर भी वहाँ नहीं रुका, क्योंकि हुक्का-पानी तो किसी को दे नहीं सकता था। मास्साब के व्यक्तिगत सुधार के बावजूद इतनी छूत-छात तो बची ही थी। खुद मैं भी चीजें छूने से डरता था। उन्हें लोटे से पानी भी नहीं पिला सकता था। चारपाई के नीचे बैठ जाने की इच्छा नहीं थी।"[25] यूँ, हिंदुओं के इस सुधारवाद का कुल निचोड़ वही है जो इस लेखक ने अपनी लेखनी से स्वयं कलमबद्ध कर दिया है—"एक-दो आर्यसमाजियों को छोड़ कर यादव किसी भी चमार-भंगी को अपने बर्तन नहीं देते थे। हाँ, मुसलमान उनके बरतनों में खा सकते थे और उनके हुक्के की चिलम उतार कर पी सकते थे। यों मुसलमानों में भी कुछ लोग हमारी तरह गरीब और भूमिहीन थे परंतु वे अछूत नहीं थे। रामजीत प्रधान यादवों में अपवाद थे वे उसी थाली में चमार-भंगियों को खाना खिलाते थे जिसमें खुद खाते थे।"[26]

यूँ समझ लीजिए कि हिंदुओं के इस सुधारवाद पर श्यौराज का यह लेखन दलित खुफिया की पूरी रिपोर्ट है। उनकी यह रिपोर्ट इसलिए सच्ची है कि गाँव में वे कोई बाहरी आदमी नहीं थे जो सर्वे करने गए थे, बल्कि गाँव के एक भीतरी हिस्से थे।

क्या छुआछूत बेमतलब बरती जाती है? क्या यह शौकिया चीज है? छुआछूत बरतने के व्यावहारिक नतीजे क्या निकलते हैं? इससे किसे फायदा होता है और किसे नुकसान? इससे किसी का क्या सधता है? उत्तर में, यह असल में दुश्मनी है। दो समूह होते हैं और वे एक-दूसरे से खार खाए रहते हैं। ये समूह किसी भी आधार के हो सकते हैं। नस्लीय आधार के हो सकते हैं जो बलात्कार और जारकर्म की वजह से भारतीय समाज में अपनी स्पष्ट पहचान नहीं रख सके। अब यहाँ छुआछूत को जातीय आधार मिला हुआ है। इसका चलन तभी ज्यादा संभव होता है जब यह शासक और शासित के संबंधों में ढला होता है। यह सार्वजनिक चीजों पर कब्जे का मामला होता है। मानवीय सहायता एकदम नदारद रहती है। श्यौराज सिंह की आत्मकथा से यही निष्कर्ष निकलता है। वे अपनी बहन माया की ससुराल वाले गाँव के बारे में लिखते हैं—"माया बहन के घर के पास कुआँ था। कुएँ के पास से रास्ता गुजरता था। बरसात के झड़ लगे थे, कुएँ की जगत न होने के कारण रास्ते से जाता बारिस का पानी कुएँ में भर गया था। बिरादरी के सभी लोग मिलकर जाटों और बामनों के ऊँची जगत वाले सुरक्षित कुओं पर गये। याचकों की मुद्रा में पानी के

लिए रिरियाए। पर अस्पृश्यता का आलम ऐसा था कि एक बूंद भी पानी किसी जाट बामन ने उन्हें नहीं दिया था। मजबूरन सभी चमारों ने गंदा पानी पिया। वाल्मीकि का एकमात्र घर भी चमारों में ही शामिल था। नतीजा किसी को उल्टी, किसी को दस्त, किसी को बुखार, हर घर हर बच्चा बीमार। देखते-देखते कइयों की मौतें हो गईं। मेरे हाथ-पाँव और मुँह पर सूजन आ गयी। यही मेरी गठियाबाय की बीमारी में बदल गई। जीजाजी के गले में इन्फेक्शन हुआ और वही उनकी मृत्यु का कारण भी बना।''[27]

यही छुआछूत का परिणाम निकलता है जो भयानक है। इसे सामाजिक और धार्मिक आधार की माना जाता है जबकि यह इनसे ज्यादा बड़ी चीज है। असल में, यह बहिष्कार है। एच. एल. दुसाध ने इसे सही अभिव्यक्ति दी है जब अपनी पुस्तक ''बहुजन डाइवर्सिटी मिशन का घोषणापत्र' में लिखा है–''जिस अस्पृश्यता के कारण दलित दुनिया के सबसे घृणित मनुष्य प्राणी के रूप में देखे जाते हैं, वह व्यापक अर्थों में 'बहिष्कार' है। यह बहिष्कार मात्र सार्वजनिक स्थलों के उपयोग तक सीमित नहीं है। कर्म-संकरता की निषेधाज्ञा के तहत दलितों को सदियों से देश के संसाधनों और उच्चमान के तमाम लाभकारी पेशों से बहिष्कृत व वंचित करके रखा गया है।''[28]

यह एक बात हुई कि कोई हिंदू आदमी चमार जाति के व्यक्ति के साथ छुआछूत बरतता है। लेकिन यह ज्यादा गंभीर अपराध है कि कोई सरकारी आदमी चमार जाति के साथ छुआछूत का आचरण करता है। लेखक के पिता के साथ एक सिपाही ने यही अपराध किया था। लेखक की बुआ लेखक को उस घटना के बारे में बता रही हैं :

> ''एक बेर (बार) तेरो बाप पक्की खाल मूड (सिर) पै धरि के राजघाट गंगा को पुल पार करि रयौ हो। वहाँ डूटी पर ठाड़े सिपाही ने तेरे बाप कूं रोकि लओ बोलो–चमड़ा लेके तू पुल पार नाँय करि सकतु। पुल गंगा के ऊपर है। गंगा पै चमड़ा उतारना अपवित्र है। हिंदू धर्म के खिलाफ है।
>
> –अरे भैया, चाम मेरी चांदि (सिर) पै रेगो, मैं पुल पार करंगो। गंगा पार कन्न कूं पुल तें चाम नाँय जाइगो तौ कैसे जाइगो? चाम के तुम, चाम के हम, तुम हू गंगा पार-जातूँ। मैं जातूँ। चाम तो जातु ही है। मोइ चाम बेचि कें बहन कूँ लत्ता-कपड़ा बनाने हैं। चाम तें गुरेज कन्न वारे का तुम चाम के नाँय हो और का मैं चाम को नाँय हूँ?
>
> *चाम के हम हैं*

*चाम के तुम हो*
*चाम का सकल पसारा है*
*कहत कबीर*
*सुनो भाई साधो*
*कौन चाम से न्यारा है?*

—भाई ने ऐसी कविताई दोहराई दई "नहीं चमड़ा गंगा से होकर नहीं जा सकता।" हार कर ऊधों से कहा। तो ऊधों बोले—बशीर मियाँ कू ले जा। ये मुसलमान हैं। इन पर हिंदुओं के नियम लागू नहीं होते।

बशीर कच्चे चमड़े को हाथ नहीं लगाते थे। वे पका हुआ चमड़ा निर्यात कराने में एक तरह का बिजनिस किया करते थे। मात्र एक खाल को गंगा पार उतारना है या तो बहनोई रघुवीर को खाल दे देंगे। यानि सीधा-वस्तु दान हो जाएगा या फिर खाल बेच कर लत्ता-कपड़ा बनाइ लेंगे। खैर खाल ने गंगा पुल पार किया पर बशीर के सिर पर। हिंदू सिपाही ने बशीर को क्यों नहीं रोका?"[29]

लेखक के पूछे गए इस सवाल का जवाब हर हिंदू को देना चाहिए।

छूआछत के मामले में पढ़ने-लिखने और सुशील होने का कोई अर्थ नहीं है। पहले ही बताया जा चुका है कि यह कुछ दूसरी चीज है। यदि ऐसा न होता तो श्यौराज सिंह यह नहीं लिख सकते थे—"ब्राह्मणियाँ अनपढ़, असभ्य थीं। ज्ञान के नाम पर उन्हें बस इतना आता था कि वे ऊँची जात हैं। उन्हें सबसे छुआछूत बरतनी है।"[30]

देखा-देखी यह छुआछूत नीचे तक हर जाति में उतर आती है। पुस्तक में चमेली नाम की एक लोधन है। वह आँखों से अंधी है और गरीब है। उसके बारे में लिखा गया है—"अब एक ही अंगीठी पर कई लोग खाना बनाने लगे। पर ताऊ कहते—"पहले चमेली, उसके बाद हम।" चमेली अपना अन्न-पानी हमसे बचा कर रखती थी। कहती थी—भैया हम बड़ी जात हैं। हम चमार के संग नाँय खाइ सकत। सौराज बेटा, मेहरबानी करि के मेरौ कछु छुइये मत।"[31] इस लोधन के अलावा नाइयों के बारे में जाना जा सकता है—"चूंकि गाँव में हिंदू नाई चमारों और भंगियों के बाल नहीं काटते थे...इसलिए ताऊ ने अपनी हजामत बनाने का खुद अभ्यास कर लिया था।"[32]

एक जगह ऐसी है जहाँ छूआछूत पूरी तरह खत्म हो जाती है। यह स्त्रियों का मामला है। भारत के संविधान का 17वाँ अनुच्छेद भी इसे नहीं समझ पाया है। वह

यह भेद नहीं कर पाया कि दलित पुरुषों के साथ छुआछूत बरती जाती है, सेक्स के मामले में, दलित स्त्रियों के साथ नहीं। आलोच्य आत्मकथा में इसका उदाहरण इस प्रसंग में आया है जो इस प्रकार है :

> "महेन्द्र उर्फ ओमी शर्मा आधे ज्योतिषी थे और आधे हलवाई।...उनका एक गोरा-गोरा स्त्रियों के अंदाज में रहने वाला साला रामचन्द्र उनकी हलवाईगिरी का सारा काम किया करता था। बताया जाता था कि रामचन्द्र नामर्द है। उसकी बीवी को शर्मा जी रखते हैं। उनके घर में झगड़ा रहता था। परंतु वह सड़क पर नहीं आता था। बहुत बार शर्माजी की बीवी भाई को डांटने दुकान पर आ जाती थीं—रात में तू इसे रखने लायक नहीं तो मेरी सौत बनाकर क्यों बिठा दी। जाति की ना बिरादरी की। कहाँ से रास्ता चलती लड़की उठा लाया, भंगिन है या चमारी कौन जाने!
>
> ताऊ उस स्त्री के बारे में ज्यादा जानते थे। भंगिन ही है बेटा, चमारी बताकर रखते हैं शर्माजी। जब जात ही में डाली थी तो ब्राह्मणी ही बना लेते...या फिर प्रेम के लिए खुद भंगी बन जाते, चमारी या भंगिन क्यों बनाए रखी। जब दो तन-मन एक हो गये तो ये कैसे ब्राह्मण और वह कैसी अछूत। मैं इधर-उधर के सवाल करता तो ताऊ कहते—लल्ला, तू अबई ब्राह्मणनु के फेर-फंदा नाँय जान्तु है। जे झूँठ बोलत हैं, झूँठ लिखत हैं और झूठ ही सिखावत हैं। पोथी-पतरा सब झूठ से भरे हैं इनके। शर्माजी भी ताऊ को चिढ़ाते थे—"बाबू गे तेरी तो जरूर कछु लगति होइगी और या सौराज की। जिस रात इसे लाए मैं उस रात वहीं था। खुद बता रही थी बाप के घर सुअर पाले जाते हैं। पर बिचारी की जात तो गई, आदमी भी मिला तो हिजड़ा मिला। न इसे दाढ़ी जमती है न मूँछ।"[33]

स्त्रियों को ले कर क्या यह एक तरफा मामला है? गैर-दलित स्त्रियों का क्या हाल है? वे छुआछूत बरतती हैं कि नहीं? उत्तर यह है कि वे छुआछूत बरतती भी हैं ओर नहीं भी बरततीं? वह कौन-सी स्थिति है जब वे छुआछूत नहीं बरततीं? श्यौराज सिंह ने वे स्थितियाँ बताई हैं जब लिखा है—"...दलितों के सियानों से इलाज कराने गैर-दलित कौमों की औरतें, अधिक आती थीं। रोजमर्रा की जिन्दगी में भयंकर छुआछूत बरतने वाली सवर्ण औरतें सियानों द्वारा मुँह में चाबकर दिये गये चने चाव से खा जाती थीं। कैसे भी हो, लड़का पैदा हो जाए।"[34]

अच्छा यह है कि लोकतंत्र ने छुआछूत पर राजनीति के स्तर पर आक्रमण किया है। छुआछूत का चलन इसलिए जारी रखा जा रहा था कि अछूतों का राजनैतिक वजूद खत्म किया जाता रहे। बदलाव ऐसा आया कि देश में संवैधानिक प्रणाली द्वारा संसदीय लोकतंत्र कायम हो गया। इसमें दलितों को वयस्क मताधिकार मिल गया। एक समय तक लोकतंत्र में भी लठ-मूंगरों और बंदूकों की गोलियों के बल पर बूथों पर कब्जा किया जाता रहा पर कुछ भौगोलिक इलाकों में स्वतंत्रता के पहिये ने अपनी चाल पकड़ ही ली। लेखक के निम्न शब्दों में वोट की ताकत अपना असर दिखा रही है—"कालान्तर में...सियाराम आर्य मेरे क्षेत्र से एम.एल.ए. का चुनाव लड़ रहे थे। उन्होंने अपने डॉक्टर भतीजे की मार्फत मुझे चुनाव प्रचार के लिए बुलाया था। 'प्रचार करोगे।' उन्होंने मुझसे पूछा तो मैंने उनसे कहा—"जरूर करूंगा, खूब करूंगा। कहूँगा कि खादी के कुरता-धोती टोपी देख कर नेता मत समझो। ये छुआछूत का बर्ताव करने वाले तुच्छ यादव हैं, इन्हें वोट मत दो। तो वे मेरा मुँह देखते रह गये थे।" "[35]

छुआछूत को ले कर श्यौराज सिंह बेचैन के दुख कम नहीं हैं लेकिन सवर्ण समीक्षक क्या लिख रहे हैं? उनमें से एक उमा शंकर चौधरी ने लिखा है—"...बेचैन की आत्मकथा में जातीय दंश, जातीय अपमान नहीं के बराबर है। एकाध दृश्यों को छोड़कर सवा चार सौ पृष्ठ की इस आत्मकथा में सिर्फ आर्थिक गरीबी का उल्लेख है।...लब्बोलुआब यह कि इस आत्मकथा से अगर एक-दो प्रसंग हटा दिए जाएँ तो इसे दलित आत्मकथा कहना तक कठिन हो जाएगा।"[36] लेकिन उमा शंकर चौधरी का यह कथन उसी अवस्था में सत्यापित हो सकता था जब वे बताते कि एक भूमिहार होने के कारण उन्हें अपने जीवन में श्यौराज सिंह बेचैन से ज्यादा छुआछूत भुगतनी पड़ी है। जब तुलना करने पर उतरे थे तो खुद से तुलना करते—बंदर बन कर बिल्लियों को क्यों लड़ा रहे हैं? मुर्गी जान से गई, मुल्ला जी को स्वाद नहीं आया।

असल में, छुआछूत का असली रूप आग लगाने में है। दलित व्यक्ति को हाथ से न छूना—यह छुआछूत मानसिक और प्रतीकात्मक है। मंदिर पर न चढ़ने देना—इसमें दलित का कितना जाता है? जेब से एक भी पैसा नहीं। ऐसी छुआछूत भेद की परिचायक है। लेकिन असली छुआछूत बहुत भयंकर है। लेखक श्यौराज सिंह बेचैन ने उस असली प्रभावी छुआछूत का वर्णन किया है—"बहन घर में गयी। दो छप्परों का घर था। कुछ दिन पहले किसी ने इनके घरों में आग लगा दी थी। कहा जाता था कि कम मजूरी देने के कारण चमारों ने जाट बामनों के खेतों पर काम करना बंद कर दिया था, इसलिए चमारों के घरों में आग लगाने का काम उन्हीं बड़ी जातियों ने किया था, परंतु डर इतना ज्यादा था कि बताने वाले बताते ही, 'किसी

से मत कहना' भी कह देते थे।''[37]

और, क्या इस आग में भंगियों के घर नहीं जले थे? वे जले थे। लेखक ने लिखा है—''बहन की सगाई के समय चमारों के घरों में लगाई गई आग से चमारों और भंगियों के सभी घर जल गए थे। बल्लेसिंह का मात्र एक मकान ही पक्का होने के कारण बचा था।''[38]

कहना यह है कि छुआछूत खालिस नहीं होती—यह किसी भौतिक रूप में सामने आती है। धर्म के मामले में धार्मिक स्तर की, समाज के मामले में सामाजिक स्तर की, राजनीति के मामले में राजनैतिक स्तर की, और अर्थ के मामले में यह आर्थिक स्तर की होती है।

जहाँ छुआछूत नहीं है, वह एक अलग घर है। यह घासीराम कुम्हार का घर है। लेखक ने बताया है कि 'घासीराम कुम्हार व्यवसाय से आधे कुम्हार, आधे दर्जी और थोड़े किसान भी थे।'[39] खेती के काम में उन्हें एक सहायक की जरूरत होती थी। तब वे श्यौराज सिंह को याद किया करते थे। लेखक ने बताया है—''मैं यदि किसी दूसरे के काम पर जाने के लिए पहले से तय नहीं रहा होता तो उनके काम पर सहर्ष चला जाता था। कारण, वे खाना अच्छा खिलाते थे। यादवों के काम पर मुझे अपने साथ में कटोरा ले जाना पड़ता था, क्योंकि वे छुआछूत मानते थे, बर्तन नहीं देते थे, पर इनके यहाँ तो घर का बना भोलुआ (कुल्हड़) मिल जाता था।''[40]

लगता है, घासीराम कुम्हार का यह घर लेखक के लिए आजीवक धर्म के संस्थापक मक्खलि गोसाल का घर है।

## ग. छेकना और सामाजिक वापसी

यहाँ एक बच्चा है जो सामान्य बच्चों से अलग है। वह प्रतिभा संपन्न है, खोजी स्वभाव का है, और पढ़ने के रूप में आगे बढ़ना चाहता है। दूसरे बच्चों को पढ़ाया जा रहा है, वे पढ़ नहीं रहे हैं; यह बच्चा पढ़ना चाह रहा है, इसे पढ़ने नहीं दिया जा रहा है। व्यक्तियों की बात एक तरफ, इसमें व्यवस्था क्या कर सकती है?—उसके गुण-दोष क्या हैं? बच्चों की परीक्षाएँ ली जाती हैं, पर इस पूरी पुस्तक में व्यवस्था की परीक्षा ली गई है। यह बच्चा अपनी परीक्षा में पाँच सौ गुना सफल हुआ है, पर क्या व्यवस्था सौ प्रतिशत फेल नहीं हुई है? बच्चे के कुटुम्ब की क्या गलती है? एक भी गलती कैसे मानी जाए जब उसका हर विकलांग व्यक्ति तक काम कर रहा है? तब यही कहा जाए कि उन्हें मजूरी ठीक नहीं मिल रही है। इसका मतलब है कि शोषण कायम है जो आर्थिक विषमता का मूल कारण है।

एक विशेष घटना यह है कि यह बच्चा और इस बच्चे का पूरा परिवार अपनी जाति से भी बहिष्कृत हैं। वह जाति में ब्राह्मणी व्यवस्था का अछूत नहीं है, बल्कि किसी भी समाज की तरह अपनी बिरादरी में छेका हुआ है। ऐसा छेकना संसार के सभी समाजों में पाया जाता है। इसमें प्रायश्चित और दण्ड का तरीका अपनाया जाता है। चमार अपने इस परिवार से यही कह रहे हैं कि उस काम को छोड़ो जिसे बिरादरी ने त्याज्य घोषित कर दिया है, दंड दो, और पुनः जाति में सम्मान से सम्मिलित कर लिए जाओगे—बंद हुक्का-पानी खुल जाएगा। इसलिए, यहाँ यह कहने की कोई तुक नहीं है कि बिरादरी ने इस बच्चे की और इसके परिवार की त्याज्य काम छुड़वाने में मदद क्यों नहीं की। बिरादरी की गलती इसलिए नहीं मानी जा सकती क्योंकि बिरादरी के पास कमी यह है कि उसके पास कोई सार्वजनिक सम्पत्ति का फंड नहीं है जिससे इस बच्चे की मदद की जा सकती थी। बिरादरी का अपना कोई स्कूल होता तो इस बच्चे की फीस-माफी की जा सकती थी, किताब-कापी खरीदी जा सकती थीं और ड्रेस बनवाई जा सकती थी—यहाँ तक कि छात्रावास में रहने का प्रबंध भी किया जा सकता था। लेकिन जब जाति के किसी कुटुम्ब के पास भी धन नहीं है तो जाति का सार्वजनिक फंड कैसे खड़ा किया जा सकता था? दूसरे, सामाजिक रूप से पूरी बिरादरी अछूत घोषित की गई है जो इतनी पुरानी और सख्त परंपरा है कि उस वैतरणी से बच कर कोई नहीं जा सकता।

केवल इस बिना पर कि बिरादरी ने आर्थिक मदद करके इस बच्चे को या इसके परिवार को क्यों नहीं संभाला, बिरादरी की गलती मानना उचित नहीं है। पता चलता है कि आत्मकथाकार की बिरादरी उस समय सामाजिक सुधार के एक कार्यक्रम पर आरूढ़ है कि रैया का काम नहीं करना है या मरे हुए डंगर का मीट नहीं खाना है। इस पर बहस हो सकती है कि क्या बिरादरी का यह कार्यक्रम सामाजिक सुधार का कदम था, लेकिन किसी भी हालत में यह उचित नहीं ठहराया जा सकता कि खुद आर्थिक रूप से उजड़ी हुई बिरादरी को हर ऐसे आर्थिक रूप से विपन्न परिवार की जिम्मेदारी अपने ऊपर लेनी है।

कई दूसरे समाजों में कुछ और घटित हो जाता है। वे भिखारी बन कर भीख माँगने लगते हैं, या डकैत बन कर डकैती डालने लगते हैं। चमारों ने ये दो रास्ते नहीं अपनाए। वे न कभी भीख माँगने पर उतरे और न उन्होंने डकैती डालने के लिए कन्धे पर बंदूक रखी। यह चमारों के यहाँ, यहाँ तक हुआ है कि इनके लुच्चे और गुन्डे भी इन दो कामों को नहीं कर सके।

खैर, बाबा साहेब डॉ. अम्बेडकर को भी वेश्याएँ बनीं उनकी महार जाति की औरतों का यह तर्क पसंद नहीं आया था कि वे भूखी हैं, इसलिए वेश्याएँ हैं। मैं भी आत्मकथाकार की चमार बिरादरी का हूँ। मैं लेखक से कुछ ज्यादा आयु का हूँ। मेरे

मेरठ क्षेत्र में उन दिनों चमार जाति में एक समाज सुधार का कार्यक्रम चल रहा था कि बड़े का मीट नहीं खाना है। बड़े से मतलब भैंस के मीट से था। मेरा कुटुम्ब इस मीट को खाता था। बिरादरी की बन्दिश होने पर भी मेरे चाचा-ताऊ चोरी से ऐसा मीट खा लेते थे। एक बार मेरे ताऊ के बेटे ने ऐसा मीट रांध लिया था और बिरादरी को उसका पता चल गया। रात को बिरादरी की पंचायत लग गई। मेरे भाई और भाभी दोषी पाए गए। पंचायत ने उन्हें सजा बोल दी कि पति-पत्नी दोनों कल सुबह पुलिया तक दगड़ा सकेरेंगे। ताऊ के बजाय मेरे बापू को गुस्सा आ गया। हमारे कुटुम्ब की बड़ी ताकत थी, बड़ा कुटुम्ब था। बापू ने पूरी पंचायत को चेलेंज कर दिया कि हमारा बेटा और हमारी बहू दंड के रूप में कोई दगड़ा नहीं सकेरेंगे—हम देखते हैं, उनसे कौन माई का लाल दगड़ा सिकरवाएगा? लाठियाँ तन गई थीं, पंचायत खत्म हो गई थी, लोगों में भग्गी पड़ गई थी। कोई दगड़ा नहीं सकेरा गया। बापू बिरादरी के समाज सुधार की इस बात से सहमत थे कि बड़े का मीट नहीं खाना चाहिए, लेकिन वे दंड से खफा थे कि यह हमारे कुटुम्ब की बेइज्जती है। यह भी एक दूसरा समाज सुधार था कि हमारी बिरादरी के लोग मरे हुए ढोर नहीं उठाएँगे।

समाज सुधारों को लागू करवाने के लिए बिरादरी के पास ताकत और उपाय होते हैं। उल्लंघन करने वालों के लिए पंचायतें जुड़ा करती हैं। मेरी बिरादरी की ऐसी ही एक बड़ी पंचायत गाँव जंगेठी में लगी थी। कई गाँवों के उल्लंघन-कर्ता पंचायत में बुला लिए गए थे। अपने बचाव में उल्लंघन-कर्ताओं के तर्क जो भी रहे हों, पर वे पंचायत के फैसले को मान नहीं रहे थे कि बड़े का मीट मत खाओ या मरे हुए ढोर मत उठाओ। मेरे कस्बे से आसा सिंह भी उसमें पंच बन कर गए थे। वे सिख बन चुके थे। कृपाण रखते थे। तब उन्होंने पंचायत में कहा था—"कौन-कौन हैं जो पंचायत के फैसले को नहीं मान रहे हैं? इन्हें पकड़ कर मेरे सामने ऊपर लाओ, मैं कृपाण से इनके पेट फाड़ूँगा।" इस तरह वह पंचायत सफल हुई थी।

यह बात विशेष रूप से कही जाए कि ब्राह्मणों की छुआछूत और चमारों के इस छेकने में कोई संबंध नहीं है। ये दोनों अलग-अलग चीजें हैं। चिंतन में घपला न किया जाए। किसी रले-धौकड़े की जरूरत नहीं है। बात को उलझाया न जाए—इन दोनों में फर्क ही फर्क है। जाटव लोग बालक श्यौराज के परिवार से कह रहे हैं कि मरे हुए ढोर उठाने का काम छोड़ो और मुर्दे मवेशी का मांस खाना छोड़ो और जात में शामिल हो जाओ। फिर, हुक्के-पानी, उठ-बैठ और रोटी-बेटी के मामले में कोई परहेज नहीं है—जाटव कहे जाओगे। उधर ब्राह्मणों की छूआछूत कैसी है? चमार कुछ भी कर लें, पर वे ब्राह्मण नहीं बनाए जा सकते। यदि मंदिर जाने के लिए यह शर्त हो कि व्यक्ति को नहा-धो कर आना चाहिए तो सारे चमार नहा-धो लेंगे। लेकिन सच्चाई यह है कि नहा-धो लेने पर भी चमारों को ब्राह्मणों के मंदिरों में प्रवेश

नहीं मिलेगा। ब्राह्मण जो-जो करता है, चमार वह सब कर लेगा, लेकिन तब भी चमार को ब्राह्मण नहीं बनाया जा सकता। असल में, छुआछूत दुश्मनी है, इसे अस्पृश्यता कह कर सच को छुपाया जाता है। भारत के संविधान के 17वें अनुच्छेद ने जो अस्पृश्यता मिटाने का साहस दिखाया है, वह दुश्मनी मिटाने का महा संकल्प है। सही शब्दों में कहा यह जाए कि ब्राह्मण चमार से अस्पृश्यता नहीं बरतता, बल्कि दुश्मनी निभाता है। छुआछूत मिटने के बजाय दुश्मनी मिटे—कहने की जरूरत ज्यादा है। तभी बुराई और अपराध पर सही आक्रमण हो सकता है। यदि उचित शब्दों का इस्तेमाल नहीं किया जाएगा तो इलाज में बीमारी बची रह सकती है। इसलिए, लैब में डायग्नोज का महत्त्व बढ़ जाता है।

पुनः कहा जाए कि आर्थिक मदद से इसका कुछ लेना-देना नहीं है जिसे छेकना कहा जाता है। छुआछूत के बरतने में उल्टे आर्थिक नाकेबंदी की जाती है। ब्राह्मणी वर्ण-व्यवस्था के विधान में शूद्र को सम्पत्ति रखने का अधिकार नहीं है—यह क्या स्वधर्मी के प्रति आर्थिक मदद देनी कही जाएगी? इसलिए, जात से छेकना एक बिल्कुल दूसरी चीज है। वह समाजशास्त्र का अलग विषय है जबकि ब्राह्मण की अस्पृश्यता धर्म संबंधी है। ऐसे जातीय स्तर पर कोई आर्थिक मदद नहीं मिला करती। सबको अपना-अपना कमाना पड़ता है। मुसलमानों का एक धार्मिक नियम है कि कोई मुसलमान सूअर का गोश्त नहीं खा सकता। वह वर्जित है, हराम है। तब, कोई मुसलमान यह तर्क नहीं दे सकता कि या तो मुझे बकरे का गोश्त दो नहीं तो मैं भूख में सूअर का गोश्त खाऊँगा। सच यह है कि उसकी यह दलील सुनी नहीं जाएगी चाहे वह कितना ही गरीब या भूखा हो। आज के ब्राह्मण गौ-मांस नहीं खाते। उन्होंने अपनी चलती में कई राज्यों में गोवध को कानून में दंडनीय अपराध तक घोषित करवा रखा है। क्या कोई ब्राह्मण अपनी ब्राह्मण जाति से कह सकता है कि या तो मुझे शाकाहारी भोजन दो नहीं तो गौ-मांस खाऊँगा क्योंकि मैं भूखा और बेहद गरीब हूँ? उत्तर स्पष्ट है, ब्राह्मण जाति अपने उस सदस्य की बात सुनेगी नहीं। इसलिए, केवल इसी संदर्भ में बालक श्यौराज के परिवार के छेकने को लिया जाए, किसी अन्य अर्थ में नहीं।

इस छिके हुए घर को ले कर बिरादरी की क्या शर्तें हैं? बिरादरी उन शर्तों में किसे ढील दे सकती है और किसे नहीं?

जाना यह जाए कि लेखक श्यौराज सिंह के ताऊ का नाम बाबू है। बाबू एक अपाहिज व्यक्ति हैं। बाबू के एक बेटे का नाम रोशन है। लेखक ने अपनी लेखनी से वे शर्तें बताई हैं जो इस प्रकार हैं—"छिका हुआ हमारा घर बिरादरी में उसी दिन शामिल होगा जब हम जूता गाँठना छोड़ देंगे, मुर्दा-मवेशी उठाने और खालों को पकाने की बात तक नहीं सोचेंगे। बाबू को माफ किया जा सकता है, क्योंकि वे अपाहिज

हैं, पर रोशन और श्यौराज को मोचीगिरी छोड़नी ही पड़ेगी। भले ही बेलदारी करें, भट्टों पर जाएँ पर मोचीगिरी न करें।"[41]

इसमें क्या श्यौराज की कोई जिद चल रही है कि वह बहिष्कृत काम ही करेगा? ऐसा बिल्कुल नहीं है। लेखक ने लिखा है—"कोई अच्छा काम मिला होता जिसमें पढ़ने को समय मिल पाता तो मैं बहिष्कार वाला काम कतई नहीं करता। पर इस समय मुझे काम करने से ग्लानि नहीं थी, मेरा ध्यान भविष्य की ओर था।"[42] और लो, यह क्या हो गया? यह भी इसी लेखक ने लिखा है—"दसवीं में जाते ही शादियाँ भी आने लगीं। जिन्होंने घर छेक रखा था, वे ही पहल करने लगे।"[43]

कहा यही जाए कि कोई भी कौम अपने सदस्यों के लिए रोजगार की गारन्टी नहीं है। चमार कौम के बूते में यह काम बिल्कुल नहीं है। कौम को भूख मिटाने की गारन्टी देनी चाहिए, पर जब रोजगार की गारन्टी नहीं है तो भूख मिटाने की गारन्टी कहाँ से आए? राष्ट्र के रूप में भारत सरकार ने भी केवल ग्रामीण क्षेत्र के नागरिकों के लिए सीमित रूप में रोजगार की गारन्टी देने के कानूनी उपाय अब किए हैं।

## घ. चमार-भंगी का रिश्ता

श्यौराज के गाँव का भूगोल जाना जाए कि वह कैसा है। मानव भूगोल यह है कि उसमें भंगी, चमार और मुसलमान एक साथ रहते हैं। इनके घर आपस में जुड़े हुए है। इस बारे में आत्मकथाकार ने लिखा है—"उन दिनों चमारों के दोनों मौहल्लों में शायद ऐसा एक भी घर नहीं था जो मछलियाँ नहीं मारता-खाता हो। गाँव के पूरब और उत्तर में दो तालाब थे और दक्षिण में करकवाइ नामक अस्थायी जलवाली नदी थी। दूर पश्चिम की ओर भी तालाब था। गर्मियों के दिनों में कभी किसी एक में तो कभी दूसरे तालाब में मछलियाँ पकड़ने चमार, भंगी और मुसलमान (फकीर और तेली दोनों) मिलकर जाते थे। दो घरों को छोड़कर सभी के घर कच्चे मिट्टी के थे। चमारों के दोनों ओर भंगियों के घरों की छतें जुड़ी हुई थीं। हम एक छत पर चढ़ते और सभी पर घूमते-कूदते थे।"[44] यह बात इनके नीम की कहानी से भी सिद्ध होती है कि ये तीनों जातियाँ एक साथ रहती हैं। इनका नीम तीनों जातियों को एक किए हुए हैं। डॉ. श्यौराज का लिखना है—"वह हमारा नीम बब्बा के बनाये पुश्तैनी घर के पिछवाड़े सटा खड़ा था। इतना विशाल और इतना बूढ़ा उम्र-दराज नीम मैंने अब तक के जीवन में दूसरा कहीं नहीं देखा। अंत सभी का होता है। उसे सूखा रोग लगने लगा, उसकी सूखी शाखाएँ कभी चमारों के आंगनों में तो कभी भंगियों के आंगन में और यदि हवाएँ पूर्व की हुईं तो मुसलमानों के आंगन में जा गिरतीं।"[45]

भंगियों और चमारों के एक साथ रहते हुए भी इनमें छोट-बड़ाई का भेद कायम

था। चमार ऊँचे थे और भंगी नीचे थे। लेकिन यादवों के सामने दोनों नीचे थे। प्रमाण इस प्रकार है–"यह जगह टीले जैसी-जैसी ऊँची थी जिस पर भंगी और चमार साथ-साथ रहते थे। हम चमार जानें क्यों खुद को ऊँचा और भंगियों को नीचा समझते थे। दस जने एक नीम के नीचे बैठकर भी भेद दर्शाने के लिए चमार मिट्‌टी के ऊँचे टीले पर और भंगी निचली जगह पर बैठकर लंबे-लंबे किस्से-कहानियाँ सुनाया करते थे। बीच में कोई यादव या मुसलमान आ जाता तो भंगी-चमार दोनों अपनी खाटें या ऊँचा टीला छोड़ नीचे जमीन पर बैठ जाते थे। यह सब सहज था। बराबरी के लिए किसी का कोई संघर्ष, तनाव या द्वंद्व नहीं था।"[46] गाँव में जातिभेद का यह ताना-बाना पूर-पूर कर बुना हुआ है। इतना ही नहीं, चमार-भंगियों में झगड़े होते हैं तो फैसले यादव करते हैं। लेखक ने लिखा है–"यादव चमारों की बस्ती में आते थे तो कभी किसी को दुआ-सलाम करना तो दूर, चमारों के किसी भी झगड़े में स्वयंभू जज बनकर बैठ जाते थे। आते ही चारपाई के सिरहाने बैठते थे और चमारों से जुहार यानी 'जयराम जी की लम्बरदार' कराते थे। बोलचाल में भी अपने उजड्डपन और सूखे स्वभाव का परिचय देते थे। इनके उलट चमार-भंगी यादवों में जाते तो दूर जमीन पर बैठ जाते थे। यहाँ तक कि चमारों के रामचरन और उलफत मास्टर तक को मैंने अनपढ़ यादवों के आगे जमीन पर बैठे देखा। चमार-भंगियों के झगड़े आपस में सुलझते ही नहीं थे। उन्हें एक गैर दलित की जरूरत बनी रहती थी। ये उनसे पिटते, गालियाँ खाते और फिर एक हो जाते।"[47]

अब गाँव की क्या स्थिति है? अब भंगी-चमार क्या कर रहे हैं? श्यौराज बताते हैं–"बस्ती खाली होती जा रही है। यादवों को अपने घर बेचकर भंगी-चमार दोनों गाँव भीतर से बाहर आ रहे हैं और दोनों ही बाहर साथ-साथ बस रहे हैं, बाकी शहरों को पलायन कर चुके हैं।"[48]

सवाल यह है कि चमार-भंगी गाँव के भीतर कैसे बस रहे थे? इन्हें इतनी इज्जत कैसे मिली हुई थी कि ये गाँव के भीतर रहते? किसी बाहरी पर्यटक का सिर चकरा जाए यदि वह डॉ. श्यौराज के इन शब्दों पर गौर करनी भूल जाए–"शुरू में चमार-भंगियों के घर गाँव से बाहर थे। यादवों और तेलियों ने बाहर की जमीनें खरीद कर जब घर-घेर बाहर बना लिए तो ये दोनों जातियाँ गाँव के बीच में आ गयीं। छुआछूत की भावना रखने के कारण गाँव के यादवों को चमारों और खासकर वाल्मीकियों को गाँव के अंदर रहने से आपत्ति होती थी। उनके सुअरों को रास्ते नहीं मिलते थे। खुद वाल्मीकियों को अपने जानवर पालने में कठिनाई होती थी। अतः अपने घर-आंगन यादवों को बेचकर आजकल सभी वाल्मीकि और चमार फिर गाँव से बाहर आ बसे हैं। हाशिए से बाहर।"[49]

मूलतः, भंगी और चमार दोनों अपने गाँव के चौधरियों के बेगारी और गुलाम

ही हैं, लेकिन जातिभेद ने अपना पूरा असर कर रखा है कि चमार ऊँचे हैं और भंगी नीचे हैं। इनकी एकता में फूट इस प्रकार पड़ी हुई है—"हमारे बैठने की जगह जूठन उठाने वाले हमारे पड़ोसी वाल्मीकि परिवारों के साथ होती थी। वहाँ कपड़ा नहीं बिछाया जाता था। जूठे कुल्हड़ पत्तलों का स्थान होने के कारण कुत्ते आपस में भिड़ते रहते थे। परंतु चमार जूठन नहीं लेते थे। मैं जूठा नहीं खाता था। जाने क्यों मुझे जूठन के स्मरण से ही उल्टी आ जाती थी। यह चमारों के संस्कार में नहीं था।"[50]

यह एक श्यौराज के गाँव की ही स्थिति नहीं है जो ऊपर वर्णित की गई है। उनकी बहन माया की ससुराल का गाँव भी इसी प्रकार है। उस गाँव के भूगोल और उसमें घर किए काबिज जातिभेद के बारे में लेखक ने लिखा है—"तब एक भी दलित ऐसा नहीं था जिसका घर ईंट या मिट्टी का हो। गाँव भी छोटा था। ब्राह्मण, जाट और चमार संख्या में करीब-करीब बराबर थे। एक घर भंगी का था। चमारों के ठीक बीच में। परंतु पूरे गाँव पर दबदबा ब्राह्मणों का ही था, क्योंकि लिखे-पढ़े होने के साथ-साथ वे जमीन वाले भी थे। सारा गाँव उन्हें महाराज पांयलागन बोलता और आज भी वे ऐसा कराते हैं।"[51]

हिंदी की दलित आत्मकथाओं में एक पुस्तक का शीर्षक 'जूठन' आया है। यह ओमप्रकाश वाल्मीकि की आत्मकथा है। वे हमारे भंगी समाज से हैं। हमारी चमार जाति के श्यौराज सिंह ने अपनी आत्मकथा का शीर्षक 'मेरा बचपन मेरे कंधों पर' रखा है, पर वे चाहते तो 'जूठन' के क्रम में अपनी इस पुस्तक का शीर्षक 'उतरन' भी रख सकते थे। दलित आत्मकथाओं की यह 'जूठन से उतरन' तक की पीड़ादायक कहानी चल रही है। जब एक धनी किशोरी नींबू वाले बालक श्यौराज को एक पुराना नेकर और एक पुरानी शर्ट देना चाह रही है तो श्यौराज की स्थिति इन शब्दों में व्यक्त हुई है—"परंतु मैं मानसिक रूप से किसी पराए मनुष्य का उतरा हुआ कपड़ा पहनने के लिए तैयार नहीं था... ।"[52] लेने-न-लेने में बहुत द्वंद्व चला था। आखिर, बालक श्यौराज ने कपड़े ले ही लिए थे। घर पर उनके मौसा उन्हें उन कपड़ों को देख कर समझा रहे हैं—"ऐसे कपड़े किसी बीमार के हो सकते हैं, या किसी मुर्दे के भी हो सकते हैं। मुर्दों का कपड़ा पहनने से बच्चों को सपने ज्यादा आते हैं। सपनों में भूत आते हैं, भूतों से बीमारियाँ लग जाती हैं।"[53]

क्या चमार जाति के उतरन पहनने वाले लोग ऐसे दीनहीन अपने आप बन गए हैं? क्या यह अछूत जातियों की चाहत रही थी कि वे वैसे बने हैं जैसे वे इतिहासकारों को भारत में मिलते हैं? उत्तर 'हाँ' में नहीं हैं क्योंकि अछूत जातियों को ऐसी उनकी मर्जी के खिलाफ बनाया गया है। यह हिंदू धर्म के शास्त्रों की आज्ञा थी जिसका अनुपालन कराना हिंदू राजा के लिए अनिवार्य था। उतरन के बारे में मनुस्मृति का आदेश इस प्रकार था—"उनके कपड़े मुर्दों के हों, वे टूटे-फूटे बरतनों

में भोजन करें... ।"[54]

यूँ, यह जूठन खाने और उतरन पहनने की कहानी हजारों साल की है। यह दलितों को गुलाम रखने की धार्मिक, सामाजिक, राजनीतिक और आर्थिक योजनाओं के तहत नीतियाँ बना कर शुरू और लागू की गई थी। स्वामी अछूतानंद ने इसे समझा था। उन्होंने इसके लिए 'मनुस्मृति' को जिम्मेदार ठहराया है। वे लिखते हैं :

*निशिदिन मनुस्मृति ये, हमको जला रही है।*
*ऊपर न उठने देती, नीचे गिरा रही है।।*
*ब्राह्मण व क्षत्रियों को सबका बनाया अफसर।*
*हमको 'पुराने उतरन पहनो' बता रही है।।*[55]

इस विषय पर 'जनसत्ता' में सुधीर चंद्र का एक लेख 'उतरन का चलन' शीर्षक से छपा है, जो उनके निजी जीवन पर आधारित है। यह मनोवैज्ञानिक लेख कपड़ों की उतरन से बौद्धिक उतरन तक आ गया है। उन्होंने बौद्धिक उतरन को मौलिकता की विरोधी माना है।[56]

## संदर्भ


1. मेरा बचपन मेरे कंधों पर, श्यौराज सिंह बेचैन, वाणी प्रकाशन, 21-ए, दरियागंज, नई दिल्ली-110 002, प्रथम संस्करण, 2009, पृ. 185
2. वही, पृ. 225
3. वही, पृ. 287
4. वही, पृ. 408
5. वही, पृ. 296
6. वही, पृ. 191
7. वही, पृ. 189
8. वही, पृ. 259
9. वही, पृ. 38
10. वही, पृ. 15
11. वही, पृ. 365
12. वही, पृ. 15
13. वही, पृ. 311
14. वही, पृ. 341
15. वही, पृ. 343
16. वही, पृ. 334
17. वही, पृ. 313
18. वही, पृ. 371
19. वही, पृ. 342
20. वही, पृ. 382-83
21. वही, पृ. 364
22. वही, पृ. 371
23. वही, पृ. 368
24. वही, पृ. 369
25. वही, पृ. 363
26. वही, पृ. 311
27. वही, पृ. 108
28. बहुजन डाइवर्सिटी मिशन का घोषणापत्र, एच. एल. दुसाध, बहुजन डाइवर्सिटी मिशन, 149/9, किशनगढ़, नई दिल्ली-110 070, प्रथम संस्करण, 2009, पृ. 59-60
29. मेरा बचपन मेरे कंधों पर, श्यौराज सिंह बेचैन, वाणी प्रकाशन, 21-ए, दरियागंज, नई दिल्ली-110 002, प्रथम संस्करण, 2009, पृ. 286-87
30. वही, पृ. 112
31. वही, पृ. 292
32. वही, पृ. 269

33. वही, पृ. 255 34. वही, पृ. 410 35. वही, पृ. 383
36. वजूद की तलाश, उमा शंकर चौधरी, जनसत्ता, दिल्ली संस्करण, 1 नवम्बर, 2009
37. मेरा बचपन मेरे कंधों पर, श्यौराज सिंह बेचैन, वाणी प्रकाशन, 21-ए, दरियागंज, नई दिल्ली-110 002, प्रथम संस्करण, 2009, पृ. 107
38. वही, पृ. 107 39. वही, पृ. 414 40. वही, पृ. 415
41. वही, पृ. 261 42. वही, पृ. 385 43. वही, पृ. 390
44. वही, पृ. 80 45. वही, पृ. 84 46. वही, पृ. 84
47. वही, पृ. 95 48. वही, पृ. 85 49. वही, पृ. 92
50. वही, पृ. 91 51. वही, पृ. 102 52. वही, पृ. 225
53. वही, पृ. 228
54. वामांसि मृतचैलानि भिन्न भाण्डेषु भाजनम्। (मनुस्मृति, 10-52)
दलित चिंतन का विकास : अभिशप्त चिंतन से इतिहास चिंतन की ओर, डॉ. धर्मवीर, वाणी प्रकाशन, 21-ए, दरियागंज, नई दिल्ली-110 002, प्रथम संस्करण, 2008, पृ. 103-112 पर उद्धृत
55. राम राज्य न्याय नाटक : शम्बूक-मुनि-बलिदान, लेखक, आदि हिंदू आन्दोलन के प्रवर्तक श्री 108 स्वामी अछूतानंद जी हरिहर, बहुजन कल्याण प्रकाशन, 360/103, मातादीन रोड, सआदत गंज, लखनऊ-226 003, 11वीं बार, 1995, पृ. 19-20
56. उतरन का चलन, सुधीर चन्द्र, जनसत्ता, दिल्ली संस्करण, 14 फरवरी, 2010, पृ. 7

अध्याय-2

# दुखों का वारापार–बलिपशु

क. नया बीजक–'विरासत'
ख. गाँव और फुटपाथ की जेल
ग. बाल श्रमिक की खुदमुखत्यारी!
घ. गरीबी की इन्तहा और योजनाएँ
ङ. पढ़ाई : वारिस और वसीयत

## क. नया बीजक–'विरासत'

मेरी आलोचना दृष्टि में, डॉ. श्यौराज सिंह बेचैन का अपनी इस आत्मकथा की पुस्तक में सबसे महत्वपूर्ण शब्द 'विरासत' है। यह शब्द इनके दिलो-दिमाग पर पूरी तरह छाया हुआ है। मुझे लगा है, यह इनके मनोविज्ञान को समझने के लिए बीज शब्द है। हर दूसरी बात इसी बीज शब्द के इर्द-गिर्द घूमती है। यह शब्द धुरी है, कीली है। यह नया-पुराना अर्थशास्त्र है। प्राचीन आजीवकों का भरी राजसभा में गर्जने वाला महापुरुष है।

श्यौराज सिंह देख रहे थे कि दुनिया में क्या हो रहा है। कोई धनी है तो क्यों है? धनी के पास पैसा कहाँ से आता है? धनी आदमी क्या करता है? देखा कि एक जुआ खेलता है। जुआ खेलने के लिए उसके पास पुश्तैनी जमीनें थीं। वह ब्याज का खाता है। बेचैन ने उसके बारे में लिखा है–"सब जानते थे, बदनी ठेके पर जुआ खिलाते थे। वे जुआरियों को मोटे ब्याज पर पैसे दिया करते थे। उनके बर्तन-जेवर गिरवी रख लेते थे। जीतने पर चार सौ के आठ सौ लेते थे। यही उनका धंधा था और यही उनकी दादागिरी और नेतागिरी थी। वे दारू पीते थे, गालियाँ देते थे। उनके नाम बहुत सारी पुश्तैनी जमीनें थीं और सच में वही उनके दिमाग खराब रखने वाली वजह थी। पैदावार बेचते थे और ऐश करते थे। वे लोधा जाति से थे।"[1]

यूँ, जो चीज समाज में भेद बना रही है, वह पुश्तैनी जमा पूँजी है। जिन के पास यह है, वे कमा कर नहीं खाते। उन्हें पुश्तैनी जमा पूँजी ही रोटी दे रही है—"जिनके पास पुश्तैनी जमा पूँजी है, अर्थात् बाप-दादा की भूमि है और विरासत में आवासीय भवन मिले हैं, उन पर काहे का संकट? कमाकर तो उन्हें कोई और खिलायेगा ही। पर हमारी स्थिति ठीक उलट थी, जिसके सुधरने के कोई आसार नहीं थे।"[2] एक ओर वे लोग हैं जो कर्ज दे रहे हैं तो दूसरी ओर वे लोग हैं जो कर्ज ले रहे हैं। श्यौराज सिंह उन वर्गों में से हैं जो कर्ज ले रहे हैं। कर्ज का हिसाब यह है कि यह उतरता नहीं है। यह हिंदू समाज का पारम्परिक अर्थशास्त्र है। लेखक ने अपने बारे में लिखा है—"मैं हर साल कर्ज लेता और काम करके ब्याज अदा कर देता था। मुंशीजी तो ब्याज पर ब्याज चढ़ाते रहते थे। पर गाँव में जब कहीं रुपया पैसा नहीं मिलते थे तो उनके पास जरूर मिल जाते। परंतु वे कर्जा अपने पुश्तैनी कर्जदार की जमानत पर ही देते थे। जाटवों में टोड़ी ताऊ, नरायन, दयाराम, छोटेलाल और मुंशी उनके नियमित कर्जदार थे। वे टोड़ी सिंह की बात भी मानते थे। कर्ज लेने में इन लोगों ने समय-समय पर मेरी जमानत दी थी। चक्रवृद्धि ब्याज के अनुसार ऐसा कभी नहीं हुआ कि जब मैंने तीन सौ के छह सौ न दिये हों। विद्यार्थी जीवन में उन दिनों यह रकम मेरे लिए मामूली नहीं थी।"[3]

लेखक सच लिख रहा है—बिल्कुल मामूली नहीं थी।

आजीवक लोग काम करते हैं, पर हिंदू समाज व्यवस्था ने उनकी स्थिति आर्थिक दृष्टि से मंगतों की बना दी है। कमेरा और भूखा?—है न आश्चर्य की बात! भूखा वह रहना चाहिए जो निठल्ला है, कमाता नहीं है, लेकिन इस व्यवस्था ने उल्टा किया है। जो कमाता है, वह भूखा रहता है, और जो नहीं कमाता, वह गुलछर्रे उड़ाता है। हाँ, कमाने वाले आजीवकों को अपने लिए यह योजना बनानी संभव नहीं है कि कल उनके खाने की व्यवस्था कहाँ से होगी। उनका जीवन ऐसा ही बना दिया गया है कि जैसे भिखारी को पता नहीं होता कि उसे रोटी किस घर से मिलेगी। भिखारी की गलती है पर कमेरे आजीवक की क्या गलती है? यह अचम्भा ही है कि कमेरों का जीवन खानाबदोशों का बना दिया गया है। लेखक ने लिखा है—"विरासत की तो गांठ में जमा कौड़ी होती नहीं थी। इसलिए यहाँ भी रोज कुआं खोदना, रोज पानी पीने वाली स्थिति थी।"[4] इसके लिए लेखक ने हिंदुओं की वर्ण-व्यवस्था को जिम्मेदार ठहराया है। सच बात भी है, क्योंकि वर्ण-व्यवस्था ने यह सारा सामाजिक अपराध योजनाबद्ध तरीके से और दिमाग लगा कर किया है। कमेरे गरीब नहीं हैं, वे गरीब बनाए जाते हैं। नाकारे और कामचोर लोग अमीर पैदा नहीं होते, वे व्यवस्था द्वारा अमीर बनाए जाते हैं।

श्यौराज ने इस विभाजन में यह भी माना है कि वे भारत में मूल निवासी कौम

के व्यक्ति हैं। इस मामले में उनका चिंतन इस प्रकार है—"मुझे कोई खेद नहीं कि मैंने बचपन में क्या-क्या काम किये? कहना यूँ है कि जिसकी रोटी खाई, उसकी बखूबी कीमत चुकाई। शिकायत है तो देश की विशेष वर्णोन्मुखी व्यवस्था से, जिसने मेरे जैसे लावारिस बच्चों की शिक्षा का जिम्मा नहीं लिया। श्रम और शोषण से हुई पीढ़ी-दर-पीढ़ी की आंशिक भी क्षतिपूर्ति नहीं की इस आजाद देश ने। उल्टे निठल्लों, जमाखोरों और भूमिचोरों को महत्व दिया या उन्होंने महत्व के केन्द्रों पर कब्जा कर लिया। मेरे बाप-दादा की विरासत का था ही क्या जो मुझे बिना कमाए मिलता। वे जोड़ते-छोड़ते भी क्या? गुलामों से बदतर जिन्दगी जिये थे वे। यह अलग बात है कि मैं उनसे कम गुलाम होकर भी ज्यादा गुलाम बना महसूस करता हूँ और वे सिर से पाँव तक गुलाम ही गुलाम थे, पर शायद महसूस नहीं करते थे। उन्हें अपनी बदतरी का अहसास होता तो विद्रोही हो गये होते अथवा वे अभिव्यक्ति की स्थिति में नहीं थे। वे तो सदियों लूटी-पीटी गई देश की मूल निवासी कौम के मूक सदस्य थे। अशिक्षा, अज्ञानता, साधन हीनता ऐसे तत्व थे जो उन्हें मनुष्य होने तक का बोध नहीं होने देते थे।"[5]

यह अशिक्षा जबरदस्ती की है। ऐसा नहीं है कि मनुष्य अच्छा खाना पीना न चाहता हो। सच यह है कि उससे दूसरे समुदाय का व्यक्ति होने के कारण खीर से भरी थाली छीनी जाती है। वे विकास न कर जाएँ, इसलिए उन्हें जबरन निरक्षर रखा जाता है। लेखक ने अपने परिवार की निरक्षरता के बारे में लिखा है—"स्कूल का मुँह न तो मेरे बाबा दादाओं में किसी ने देखा था और न मेरी ननिहाल में किसी ने। सबके सब पीढ़ियों से निरक्षर थे, जिनमें जिन्दा बचे सदस्य आज भी साक्षर नहीं हैं।"[6] यह 'स्त्री शूद्रो नाधीयताम' के तानाशाही फरमान का अमलीकरण है, जो घटित हुआ है। और, लेखक को इस सत्यता का पता भी चल गया है कि हिंदुओं के सारे सुधारक झूठे थे। इतिहास में सारा सुधार अफवाह भरा और कोरी बयानबाजी है। वे लिखते हैं—"हालांकि, मेरे घर के सभी सदस्य आत्मसम्मानी ही अधिक थे। अतः कमा कर खाते थे। शारीरिक अपंगता, गरीबी और अस्पृश्यता ने उन्हें बेहद स्तरहीन जीवन दिया था। ऐसा जीवन जिससे पालतू पशु जीवन बेहतर होता था। पिछली ज्ञात पीढ़ियों में कभी किसी को अक्षर ज्ञान प्राप्त करने का भी कोई...मौका नहीं मिला था। वे सब तरह से सामाजिक गुलाम पीढ़ियाँ थीं। उन्हें पता नहीं देश में कब कौन सुधारक आये कि किसने न्याय किया, कौन तरक्कीपसंद रहा। किसी के किसी भी कार्यक्रम ने मेरे पूर्वजों की दुर्दशा को देखा नहीं। वेदना को महसूसा नहीं, कराहों को सुना नहीं, देशी-विदेशी अपने पराए हिंदू मुसलमान सब उनसे काम लेते गये और विपन्नता-बेबसी देते गये।"[7]

देश के इतिहास की सच्चाई इतनी भयानक रही है कि गुलामी के स्तर बन

गए हैं। एक गुलाम दूसरे गुलाम का दलाल हो गया है। जो सबसे बड़ा गुलाम है, वह सबसे बड़ा दलाल है। अंग्रेजों के सब गुलाम लेकिन निचले स्तर पर गुलामों के गुलाम इस प्रकार स्तरित हैं—"हर पढ़े-न-पढ़े अच्छे-बुरे यादव को साब या लम्बरदार कहने की पुश्तैनी आदत थी हमारी।"[8]

इस विषय में कुछ कहते नहीं बनता। कहना है तो केवल इतना कि स्त्रियाँ सभी तरह की होती हैं। लोगों ने कई स्त्रियों के बारे में पढ़ा है कि उन्होंने स्वतंत्रता आंदोलन में बढ़-चढ़ कर भाग लिया, जेलें काटीं। वे मातृभूमि के लिए स्त्रियों के बलिदान की कहानियाँ हैं। लेकिन यह भी सच है कि कई स्त्रियों ने स्वतंत्रता आंदोलन को हतोत्साहित किया था। ऐसा एक उदाहरण इस पुस्तक में मिलता है। यह स्वतंत्रता सेनानी यदुनाथ शास्त्री की कहानी है। उनके और उनकी पत्नी के बारे में डॉ. श्यौराज सिंह ने सूचना दी है—"शास्त्री जी का निजी दुख था। वे देश की आजादी के लिए गांधी आंदोलन में जेल चले गये थे। देश की आजादी के साथ घर लौटकर आये तो पता चला उनकी धर्मपत्नी उनके छोटे और अनपढ़ भाई के बच्चों की माँ बन चुकी हैं। उन्होंने उसकी शक्ल देखना भी पसंद नहीं किया। शेष जीवन अकेले काटा खुद खाना बनाते बच्चे पढ़ाते हुए।"[9] स्पष्ट है, उनकी स्त्री को देश की आजादी नहीं चाहिए थी। उसे किसी देश से मतलब नहीं था। यह यादवों के घर की कहानी है। ऐसी स्त्रियों को ले कर किस बात का गर्व किया जाए? जेल कुछ ही दिनों या महीनों की रही होगी, पर नहीं रुकी। उसने यही कहा होगा—भाड़ में जाए देश की आजादी—मेरी आजादी मेरे पेट के नीचे की है।

भट्ठों पर मजदूरी की अलग कहानी होती है। यह ज्यादातर 'बंधुआ मजदूरी' होती है। अभी दिल्ली के पास के गाजियाबाद जिले में ऐसा मामला प्रकाश में आया है। 13 फरवरी, 2010 के हिंदुस्तान में यह खबर छपी है। खबर के मुताबिक 'साहिबाबाद, लोनी और मुरादनगर के तीन भट्ठों पर चार दर्जन से अधिक पुरुष और महिला मजदूरों को बंधक बनाकर उनसे जबरन काम लिया जा रहा है।"[10] दुख यह है कि बालक श्यौराज भी अपनी बहन के साथ भट्ठे पर बेचा जा रहा था। ये बच्चे समाज के दबाव की वजह से बंधक होने से बच गए। यह ठीक हुआ—पर क्या हुआ? आत्मकथा लेखक ने लिखा है—"भट्टा की पथाई से हमारी मुक्ति हो गई थी, परंतु यह खिजां से निकलकर बहार में जाना नहीं था। कुआं से बचकर खाई में जाना था। आखिर गाँव में पैतृक विरासत का माल-मत्ता हमारे लिए कहाँ था? अगले दिन से ही हमें कमाना-खाना था। घास खोद कर बेचने का काम बहन करने लगी और मैं उसे लेकर शहर चला जाता था।"[11]

ईमानदारी और विशेषता यह है कि लेखक अपनी इन सारी बातों को भूल नहीं

रहा है। वह किसी अवसाद में नहीं है, बल्कि योद्धा है। वह छद्म में जीना नहीं चाह रहा। उसे जीवन में बनावट नापसंद है। वह अपने जैसों की फिक्र कर रहा है। यह किताब उसी उद्देश्य से लिखी गई है। वह अपनी पहचान से हट नहीं रहा। वह रुक्के दे कर बता रहा है। यही आत्मकथा का सत्य है। यही इस साहित्यिक विधा की सार्थकता है कि कमजोर लोगों को ताकत देती है। शब्द इस प्रकार हैं–"मैं अपनी विरासत को समझूं, अपनी औकात को न भूलूं, अपने हकों और जिम्मेदारियों को पहचान लूं, इसके लिए जरूरी है कि अतीत को किसी चमकते लिबास में न लपेटूं। बेशक गुलामी के दिनों का स्मरण वर्तमान का थोड़ा-बहुत संभावित चैन खोना है, परंतु जो भूला नहीं गया, उसकी हत्या कैसे और क्यों की जाय? अपनी विरासत में गरीबी, जाति-अपमान और मानवीय हकों से वंचित रहना पड़ा। आजाद देश में मेरी विरासत सामाजिक गुलामी के बोझ से लदी रही।"[12] वह अपना हक जमाता है–"जब से होश संभाला, तब से आज तक मुझे चाहे बहन का घर हो, या सौतेले बाप का घर, अपने पूर्वजों का गाँव या फिर दिल्ली में मौसी का घर अथवा बाजपुर (नैनीताल) वगैरह में किए गए तरह-तरह के काम, मैंने काम करके ही रोटी खाई है और इतनी कीमतें चुकाई हैं कि समाज मेरे बाल श्रम का भुगतान कर दे तो मैं आज से ही शेष जीवन बगैर कमाए खाने का हकदार हूँ, जबकि हमारे देश में ज्यादातर बच्चे माँ-बाप की विरासत में मिली सम्पत्ति के कारण बड़े बनते हैं। उनका खुद का कमाया अंश उसमें नहीं होता। आजकल यही सब शहरों में भवनदारों और गाँवों में जमींदारों के सपूतों में देख रहा हूँ।"[13]

यह आत्मकथाकार कवि भी है। अपनी बात कविता के माध्यम से रखने की क्षमता रखता है। जैसा चलन है, वह नई कविता लिखता है। उसने 'मेरे पूर्वज' के शीर्षक से एक कविता लिखी है। वह इस पुस्तक में संकलित है। यहाँ विरासत के बारे में इस प्रकार लिखा गया है :

*...मेरे पूर्वज*
*मैं तुम्हारे*
*जिस्म का*
*अंश-भर ही नहीं हूँ*
*तुम्हारी विवशताओं की*
*विरासत भी हूँ...*[4]

यह नई कविता की बात हुई, लेकिन मेरी नजर में यह कवि मूलतः गीतकार है। गीत विधा की विशेषता गेयता है। कवि की माँ भी अपना रुदन गा कर प्रकट

करती थीं। उसी परंपरा में कवि का एक आत्मपरक गीत है जो यहाँ उतारा जा सकता है। इसमें कवि अपनी काली अंधेरी विरासत की पुटलिया खोल रहा है, जो इस प्रकार है :

*मेरे बचपन के नाजुक, वे नन्हें कदम—*
*जिस तरफ मुड़ गये रास्ता बन गया।*
*धूप में, छांव में, शहर में गाँव में—*
*भूख लेकर चली और मैं चलता गया।।*
*दुख का एहसास बेचैन करता गया—*
*मुक्ति का भाव मानस में बढ़ता गया।*
*पूरा संसार पुस्तक-सा खुलता गया—*
*जितना पढ़ पाया मैं उतना पढ़ता गया।।*
*इतनी काली अंधेरी विरासत मिली,*
*मेरे भीतर का दीपक था जलता गया।*
*क्या चला मैं जो लाखों वहीं रुक गये—*
*कौम का होके जीवन बदल-सा गया।।*[15]

यह कुल विरासत कितनी है? इस विरासत में कितनी जायदाद है? लेखक ने बताया है—“अम्मा की एक पुटरिया में पूरा घर पूरी विरासत थी, जिसे सिर पर रखकर हम देश-परदेश कहीं भी चले जाते थे।”[16] कानून के हिसाब से इस जायदाद का ब्यौरा दर्ज करना हो तो वकील इस प्रकार दर्ज करेगा—“यहाँ से एक-दो कटोरा, ग्लास, सिलौटी, चकरा, बेलन, कच्छली वगैरह बांधे-उठाये और चल पड़ी। कीमती बरतन घर में थे नहीं। पिता ने मृत्यु के बाद जो बर्तन छोड़े थे, उन्हें अम्मा पाली जाते वक़्त साथ ले जा रही थी तो गाँव के सिमियाने वाले बंजर में अम्मा को रोक कर ताऊ-ताई और बब्बा ने वे बर्तन अम्मा से रखवा लिये थे। बर्तन लेने का ढंग सही नहीं लगा था उस वक्त। लेकिन नहीं छीन लिये होते तो भिकारी के घर से उनमें से एक भी बर्तन वापस नहीं आता। बहन माया की शादी में कुल मिलाकर ये पाँच बर्तन ही तो दिये गये थे। यही तो मेरे दिवंगत पिता की छोड़ी गई विरासत थी।”[17]

पुस्तैनी बर्तनों की यह विरासत बड़ी संभाल कर रखी गई थी। उद्योगपति अंबानी बंधुओं के कोर्ट-कचहरी जाने में विरासत के कारण हैं, पर यहाँ भी इन पाँच पुश्तैनी बर्तनों पर अपने स्तर का लड़ाई-झगड़ा हुआ था। विरासत की इस लड़ाई के बारे में लेखक ने कई बार लिखा है—“मेरे पिता की मृत्यु के बाद माँ जब सारे

बर्तन-भांडे पोटली बांधकर सिर पर मेरी ननिहाल या दूसरे घर ले जा रही थी तो बब्बा और ताऊ ने खेत से आगे बंजर में लड़-झगड़कर तीन चार पीतल के भारी पुस्तैनी बर्तन छीन लिए थे। उन बर्तनों को उन्होंने संभाल कर रखा था। बाकी माँ गाँव से जो भी चीज ले गई, लौटाकर नहीं ला सकी। शादी में खींचतान कर पाँच बर्तन और धोती कपड़े दिये थे।''[18]

श्यौराज का और श्यौराज के ताऊ का फुटपाथ पर जीवन कैसा था? वहाँ कितनी दौलत जुड़ गई थी? यदि चोरी हो जाती तो ये पुलिस में जा कर सामान लिखाते?—''एक लोहे के तसले में आटा गूँदते थे। एक टीन का डिब्बा हमारे आटा गूंदने और पानी पीने के लिए प्रयोग किया जाता था। एक छोटी पतीली हमारे पास हुआ करती थी जो अक्सर काली हो जाया करती थी। एक तवा और दो कटोरियाँ थीं। डिब्बे में पानी पीते। पानी और शौच के अलग-अलग डिब्बे थे।''[19] सच बात यह थी कि इन्हें अपनी इस धरोहर और पूँजी के चोरी होने का डर नहीं था। बर्तन कम थे और चमारों के थे, इसलिए यह मिल्कीयत चोरी के दायरे में नहीं आ रही थी। श्यौराज लिखते हैं—''रानी की माँ कहतीं—''सौराज बासन (बर्तन) ले आ सब्जी ले ले। बाहर रखी रहने वाली एक मात्र कटोरी लेकर मैं उपस्थित हो जाता था। लोहे के डिब्बे, तसला और तवा इतने ही बर्तन थे हमारे पास जो महीने-भर भी बारांडे के कोने में रखे रहते तो कोई छूता तक नहीं था। चोरी होने का तो सवाल ही नहीं। सर्वविदित अछूतों के बर्तन-लत्तों का कोई मूल्य नहीं था। चमेली-लोधी और उसके बच्चे भी उन्हें नहीं छूते थे क्योंकि वे हमारी जैसी विपन्नता में रहकर भी सछूत थे। कहते थे—चमारों के बर्तन हैं। हमारे भी नहीं हैं। बेचने के लिए उन्हें कोई छदाम में भी नहीं खरीदता।''[20] कभी घर मिला या घर बदलना हुआ तो सामान ढोने के लिए गाड़ी-मोटर नहीं जुड़ते थे—''मैं हरदयाल के घर से बर्तन यानी वही तवा, कच्छली, तसला, लुटिया, सिलौटिया, किताबें और कनस्तर वगैरह उठा कर बुआ के घर में आ गया था।''[21]

बात श्यौराज की ही नहीं है कि उनके पास कुछ नहीं था, बल्कि उनके परिवार में ही किसी के पास क्या था? इसी न कुछ पर मनोविज्ञान को पूरा करते इनके गुस्से-नखरे भी होते थे। एक-दूसरे को दुख देने का पूरा मानवशास्त्र मौजूद था। अपराध बोध में सरक आए तो विरासत इस प्रकार चली थी—''मैं अपने बीबी-बच्चों सहित उसी शाम मौजपुर पहुँचा। ताई को ग्लूकोज चढ़ा था और वह स्वस्थ हो गई थी। ताई को अंतिम दिनों में अपराध बोध हुआ और वह विरासत का एक कांसे का बेला देकर गयी।''[22]

आदमी तो आदमी है—कुछ मामलों में गरीब और अमीर में भेद नहीं रहता। डद्योगपति बिरला समूह में किसी ताई को ऐसा पारिवारिक पश्चात्ताप हो तो कुछ

करोड़ रुपए तो दिए ही जाएँगे, पर इस वजह से बिरला समूह की ताई श्यौराज की ताई से बड़ी नहीं हो जाएगी।

एक अन्य स्थल पर चमार जाति के पेशे की सारी विरासत कलमबद्ध हो गई है। बात वही, इस बालक की पढ़ाई की चल रही है। मास्टर साहब इन्हें प्रोत्साहित कर रहे हैं कि इन्हें किसी तरह पढ़ाई जरूर करनी चाहिए। इनका मास्टर साहब से हुआ वह संवाद इन शब्दों में लिखित हुआ है—"मास्टर साहब की बात सुनकर मुझे अच्छा तो लगा, परंतु मेरी परिस्थितियों के लिहाज से वे मुझे असंभव सपना दिखा रहे थे। अतः मैंने कहा—"मेरे लिए खुशीराम मास्साब और कुंवर बहादुर साब ने भी सोचा है। स्कूल में दाखिला भी मिल जाएगा, पर रोटी कहाँ से आएगी। अभी तो मैं खुद कमाता हूँ तब खाता हूँ। न किसी का एहसान न किसी की दया। यदि मैंने आज ही काम करना छोड़ दिया तो कल से पेट के लिए किसका मुँह ताकूँगा? मेरे पिता की मौत के बाद मेरा मददगार कौन है? घर में विरासत के सिवाय मुर्दा मवेशी उठाने वाले संगेटे, रस्सियाँ खाल उतारने के रांपे जूतियाँ बनाने के कलाबूत, आर, रांपी, सुतारी इत्यादि के और क्या है? न भूमि न कोई व्यवसाय और न कोई जमा पूँजी।" "[23] एक बार इनके मौसा जी इन्हें ठेकेदार के यहाँ बाल मजदूरी पर भेजते समय इनका परिचय दे रहे हैं। उस परिचय को इनका इंटरव्यू समझ लो या सिफारिश मान लो या घूस देना कह लो—"पिता इसके गुजर चुके हैं। विरासत में सिवाय हाथ-पाँव के जमीन जायदाद कुछ है नहीं। इसकी माँ मजबूरी में अपने दिन काट रही है। इसे जीना है तो कमा कर खाना सीखना ही होगा।"[24]

क्या विकलांगों में भी जाति और वर्ग होते हैं? क्या सारे विकलांग एक नहीं हैं? जाति को ले कर एक अंधे में और दूसरे अंधे में क्या फर्क है? श्यौराज के ताऊ अंधे थे। इस बारे में उनकी समझ क्या थी? श्यौराज ने लिखा है—"ताऊ महाभारत की कहानी सुनाते हुए कहते थे कि अंधे तो धृतराष्ट्र भी हुए थे, किंतु अंधे होकर भी उनके सिर से मुकुट नहीं उतरा था, क्योंकि वे राजा थे। हमें विरासत में बेगारी, चमरई और गुलामी के सिवाय और क्या मिला है? बब्बा जैसे कर्म की पूजा करने वाले एक गरीब चमार की किसी राजा से...क्या तुलना?"[25]

हॉर्डिंग कार्टर ने विरासत के बारे में एक बहुत अच्छा वाक्य लिखा है जो 19 दिसंबर, 2009 के 'हिंदुस्तान' पत्र में छपा है। यह वाक्य इस प्रकार है—"दो ही विरासत हैं जो हम अपने बच्चों को दे सकते हैं, एक तो जड़ें, और दूसरा पंख।"[26] लेकिन जिन लोगों की जड़ें काट दी गई हों और पंख कुतर दिए गए हों, वे क्या करें? वे कैसे जिएँ? सम्मान कहाँ से पाएँ? विकास किस दिशा में करें? होना वही है जो श्यौराज के सवाल के जवाब में उनकी एक मौसी ने कहा था। वह संवाद इस प्रकार है—"रात को मैंने मौसी से पूछा था—"तुम अपने बालक क्यों नहीं पढ़ातीं

मौसी?" उसने एक ही जवाब दोहराया था—"का करूं भैया, एक तो स्कूल में चमार-भंगिनु के बालकनु गैर-जात के मास्टर पढ़ावनों नांय चाहत और कोई एकाद भलो मानस चार आखर पढ़ावै हू तो जे पढ़त नांइ। ढोर-ढंगर ही खैचंगे जिन्दगी-भर। इनके बाप की जागीर तो धरी नांइ है सो वाइ बेच खांगे। जिन्दगी-भर मरे भैंस-बैलनु की खाल उतारत रहेंगे।"[27]

इस पूरे अध्याय में बताया जा चुका है कि आत्मकथाकार के पास विरासत के रूप में, सामाजिक, आर्थिक, राजनैतिक और शैक्षिक विरासतों में से एक भी नहीं थी। जो विरासत थी वह गुलामी, छुआछूत, अपमान, गरीबी और तंगदस्ती की थी। फिर भी, एक चीज की जो इनके पास पोजिटिव विरासत थी, यह प्रकृति थी। इसमें नीम का पेड़ गिना गया है। लेखक ने उसके बारे में लिखा है—"हमें उससे अनजाने में ही गहरा लगाव था। वह हमारे पूर्वजों की विरासत था। उसकी शाखाएँ हमारे आंगन तक फैली हुई थीं।"[28]

## ख. गाँव और फुटपाथ की जेल

भारत के गाँवों के बारे में विद्वानों और लेखकों के मन में सबसे ज्यादा भ्रम फैले हुए हैं। एक तरह से लगता है, मानो वे विद्वान और लेखक अंधविश्वासी हैं। यदि उन्हें अंधविश्वासी नहीं कहना है तो झूठे और अफवाहों को फैलाने वाले माना जाएगा। हिंदी क्षेत्र में ऐसा सबसे बड़ा झूठ प्रेमचंद ने अपना वृहदाकार उपन्यास 'रंगभूमि' लिख कर फैलाया था। पहला झूठ यही था कि 'रंगभूमि' के नायक सूरे चमार के पास दस बीघे जमीन है। डॉ. श्यौराज सिंह बेचैन अपनी आत्मकथा में इसके उलट असली सच लिखते हैं—"हमारे ग्रामीण जीवन में भूमिहीनता से बड़ी गुलामी और दूसरी नहीं थी। जो भू-स्वामी है उसका जुल्म, ज्यादती, आतंक, अन्याय सब जायज थे। फसल कटने या शकरकंदी खुदने के समय तो पेट भरा जा सकता था, अन्यथा रात खाते तो सुबह भूखे और सुबह खाते तो शाम को भूखे रहना होता था।"[29] प्रेमचंद ने दूसरा झूठ यह लिखा कि गाँव के सूरे चमार को अपनी सत्तर पीढ़ियों का इतिहास ज्ञात है। डॉ. श्यौराज की आत्मकथा प्रेमचंद के इस झूठ की भी काट करती है जब उसमें लिखा मिलता है—"मैंने दयाराम चच्चा से एक प्रश्न किया था कि क्या हमारे पूर्वजों का भी कोई इतिहास है? मैं तो अपने बाबा के बाप का नाम भी नहीं जानता, जबकि लिखे-पढ़े लोगों को तो अपनी कई-कई पीढ़ियों का इतिहास ज्ञात होता है।"[30]

हिंदी साहित्य की कई दूसरी पुस्तकों में भी गाँव के जीवन को बड़ा सरसब्ज कर के पेश किया गया है। यह अफवाह आज तक चल रही है कि गाँव सुंदर हैं।

डॉ. बेचैन ने इसके विरोध में लिखा है—"अस्पृश्यों के लिए मेरा गाँव सौन्दर्य और तरक्की का केन्द्र नहीं है। भूमिहीनों के लिए तो यह खुला कारावास बन गया है।"[31] एक नारा लगाया जाता है कि गाँव लौट चलो। यह नारा भी गैर-जिम्मेदारी का है क्योंकि दलितों को वहाँ किसी प्रकार के खुलेपन का अहसास नहीं है। वे गाँवों में घुटन में जी रहे हैं। डॉ. बेचैन ने इस मामले में भी जवाब देते हुए लिखा है—"इसी घर में, जिसमें कुल स्थान दो खाटों का था, मेरा जन्म हुआ था। आज मेरे कुछ शहरी सवर्ण मित्र कहते हैं कि शहरों में रहने के लिए जगह कम होती है, इसलिए दलितों को गांव में जाकर रहना चाहिए। वहां वे अपने मनमुआफिक पर्याप्त जगहों में घर बना सकते हैं। पर हकीकत यह है कि दलितों के पास गांवों में भी छोटे घर हैं और शहरों में भी वे तंग जगहों में रहते हैं और सम्पन्न सवर्ण पूरे इलाके घेरे हुए हैं। चाहे वे शहरों की पॉश कालोनियों में फ्लैट्स हों, फार्म-हाउस हों या गांवों की बखरियाँ, जो दलितों की पूरी बस्ती जितनी जगहों में फैली रहती हैं।"[32]

कुछ लोग गैर-जिम्मेदार बन कर कुछ भी सलाह देते हों, लेकिन दलित के लिए असली सलाह वही है जो डॉ. श्यौराज के बब्बा ने उन्हें अपने पास बिठा कर दी थी। डॉ. बेचैन ने लिखा है—"अन्ततः बब्बा के पास बैठकर अंतरंग सलाह की। वे चूंकि हाथ चाकियाँ पीसकर, चारा मशीन खींचकर या खाटें बुनकर पेट पालते थे, अतः उन्होंने साफ कहा—"बेटा, दुनिया में कहूँ जा। थोड़े चैन की जिन्दगी जी। गाम की गुलामी तें लिकरि। हियाँ मन्न खपन कूं हम हैं। हमारो मोह छोड़ जहाँ चैन की सांस मिलती दिखाई देइ देस परदेस कहूँ जा।" गाँव-बस्ती में मेरी बीमारी ही मेरी लाचारी थी। मेरे आत्मीय थे गंगी बब्बा। वे खटोला पर से उठे, हाथ से टटोलकर लठिया उठाई और दालान में जहाँ मैं खाट पर बीमार पड़ा था, वहाँ आकर खड़े हो गये। वे सभी की सुनकर बोले—"तू लल्ला, डिबाई चलो जा। बबुआ के संग रै कें चारि पैसा कमाइ ला और सब तें पैले जा-ता के उधार-कज्ज के दै दै। भूख मरि कें तू चमार तें बामन बनियो नांय बनि जाइगो। हम चमार हैं, चमार ही रिंगे। हमें काउकी जात नांय चाहिए। मेरी कही मानि और आज ही अपने पेट की रोटी कमावन चलो जा। जूती गांठि के चार पैसा कमावैगो तो अपनी दबा-गोली करि लेगो और दुए रोटी चैन तें खाइ लेगो, हियाँ गाम में औरन की गुलामी के सिवा कछु नांय धरो है।" "[33]

श्यौराज सिंह बेचैन की इस सोच को कोई चिंतक कैसे बदल देगा कि ये और इनके बब्बा बिना किसी अपराध के जेल में रहे हैं? जेल वही नहीं है जिसकी चारदिवारी होती है, एक जेल खुले में भी होती है। यह दलितों के लिए सामाजिक, आर्थिक और ऐतिहासिक जेल है। बेचैन की पूरी कौम ने इस खुली जेल में बिना गुनाहों की सजा में जेल काटी है। बेचैन ने अपने बब्बा के बारे में लिखा है—"जिस

दिन से मुझे कारागार में कैदी से चक्की पिसवाए जाने का ज्ञान हुआ, उस दिन से बब्बा की छवि में कैदी की छवि देखता हूँ परंतु उनका गुनाह क्या था जान नहीं सका हूँ।''[34] बब्बा नहीं, बल्कि खुद अपने बारे में भी आत्मकथाकार ने यही महसूस किया है जब लिखा है—''गंगी बब्बा ने अपने साथ रखकर मुझे चक्की पीसने, कुट्टी काटने, रहट हांकने, गोबर उठाने जैसे कामों का अभ्यास कराया था। बचपन का एक हिस्सा इन्हीं कार्यों में बीत गया। आज मैं हँसता हूँ तो कहता हूँ कारागार में ही तो था मैं बिना गुनाह किए।''[35]

गाँव की गरीबी की बात हो गई, पर शहर की फुटपाथ पर गरीबी कैसी होती है? शायद कुछ लोगों की समझ में न आए कि लेखक ने अपनी गरीबी के वर्णन में क्या लिख दिया है। जो फुटपाथ पर अपने जूते चमकवाते हैं, उन्हें पता नहीं होता कि फुटपाथी जीवन क्या होता है। राहगीरों को मालूम नहीं होता कि बूट-पालिश वाले लड़के के लिए दिन के बाद रात भी आती है। डॉ. बेचैन ने अपने इसी फुटपाथी जीवन को पार करते हुए लिखा है—''मैं ताऊ के साथ इसी फुटपाथ पर बैठा बूट-पालिश किया करता था, साइकिलों के टायर सिलता था और आसपास पैंठ-बाजार जूते गांठने जाया करता था। रात को इसी बरांडे में ताऊ के पास आकर रहता-खाता और सोता था। चूंकि रात को रखवाली करने के लिए सभी को हमारी जरूरत होती थी, जैसे कुत्ता पालतू नहीं होता है तो सभी का होता है...उसी तरह हमें सभी चाहते थे। उसके उलट हमारा विकल्पहीन स्वार्थ यह था कि रात काटने के लिए हमें थोड़ी जगह चाहिए थी। सुरक्षित घर और दुकान का हम किराया नहीं दे सकते थे, दे भी पाते तो अस्पृश्यों को अपनी दुकान देता कौन? मुफ्त में दिन-भर काम के लिए फुटपाथ और रात्रि में सोने के लिए खुला बरांडा। यही क्या कम था।''[36] हाँ, सबकी रखवाली करने वाले अपनी रखवाली के बारे में सोच रहे हैं—''हम रात को ईश्वरी के वरांडे में सोते ही थे। तब भी शर्मा जी की दुकान की रखवाली होती थी, क्योंकि दुकानें एकदम सटी हुई थीं। हाँ, कई रात हमें पीछे की ओर बने रानी के घर और घर के साथ बने कबाड़घर में सोना होता था, क्योंकि हमें बाबूजी की अनुपस्थिति में इन माँ-बेटियों की रखवाली करनी होती थी। हमारे बाहर सोने से एक साथ सभी की रखवाली हो जाती थी। यदि किसी की सुरक्षा नहीं थी तो वे हम थे। हमारा यदि कोई रखवाला रहा होगा तो ईश्वर ही रहा होगा...या वे देवी-देवता, जिनमें हमारा गहरा विश्वास था।''[37]

गरीबी केवल गरीबी तक सीमित नहीं है बल्कि इसके पाँव ज्यादा लंबे होते हैं। गरीबी केवल यहीं तक सीमित नहीं है कि सुबह रोटी मिल गई तो शाम को नहीं और शाम को रोटी मिल गई तो सुबह नहीं। आत्यन्तिक गरीबी के बारे में तब सोचता है जब यह बालक बीमार हो जाता है। उस स्थिति के बारे में श्यौराज ने

लिखा है—"मेरे हाथ-पाँव ही मेरी जीविका के साधन थे, पर वही काम नहीं कर पा रहे थे तो मेरे पेट को रोटी और दवा के लिए पैसे कहाँ से आते? और कैसे आते? बीमार से कौन मजूरी कराए, और वह कैसे करे? मेरे जिन्दा रहने के साधन नहीं थे।"[38]

## ग. बाल श्रमिक की खुदमुखत्यारी!

डॉ. श्यौराज सिंह अपने पूरे बचपन में बाल श्रमिक रहे हैं। उनका बाल श्रमिक का जीवन बड़ा कठिन बीता है। छोटे से बच्चे को मोचीगिरी करनी पड़ी। उन्होंने इस बारे में लिखा है—"उन्हीं दिनों मुझे मोचीगिरी में प्रशिक्षित किया जाने लगा। एक अलग बकुचिया और पुरानी रांपी 'कटार्नी' पॉलिश की डिब्बी व कट्टे में चमड़े की कतरनें भरकर हमउम्र बच्चों के साथ मैं भी पैंठ में जाने लगा था। स्कूल जाने की उम्र में बच्चे जूतियाँ गांठने जाते थे। मैं जब से हाथों में जूता साधने लायक हुआ, बूट पॉलिश तभी से करने लगा था।"[39] गाँव में यह बालक यादवों के यहाँ काम करने जाया करता था। उस में समय की सीमा इस प्रकार थी—"सूर्योदय के साथ ही यादवों के काम पर जाना और सूर्यास्त के उपरांत ही घर में घुस पाना, यही क्रम था मेरे बचपन का।"[40] दिल्ली में अपने मौसा के पास आए तो यहाँ भी बाल-श्रम जारी था। उन्होंने लिखा है—"अगले दिन मौसा जी ने नत्थूलाल के पुराने खाकी कपड़ों का एक थैला सिल दिया, और एक नई टोकरी भी नींबू बेचने के लिए खरीदवा दी। अब क्या था, हर सुबह मैं मुँह अंधेरे स्वयं जाग जाता या मौसी द्वारा जगा दिया जाता था। मैं आँखें मलता हुआ बस स्टॉप की ओर निकल जाता था। नींद या आलस्य के लिए मेरे पास वक्त नहीं था। उस वक़्त मार्किट सुनसान होता था। मेरी उम्र के बच्चे बिस्तरों में सो रहे होते। मुझे पहली बस पकड़नी होती थी।"[41] वापस गाँव आए तो स्कूल में दाखिला दिलवाने वाले मास्टर प्रेमपाल सिंह यादव ने ही शोषण कर डाला। शब्द इस प्रकार हैं—"अब मैं स्कूल जाने से पहले तीन-चार घंटे उनका काम करता और लौटकर आने पर देर रात तक उक्त कामों में लगा रहता, छुट्टी का दिन तो मेरे लिए सजा का दिन होता था। छुट्टी के पूरे दिन मुझे बंधुवा बाल-मजदूर बनाकर पूरे दिन कामों में खपाये रहते। खुश होते तो यह जानकर कि मैं सब काम सीखकर आया हूँ।"[42]

एक दिन डॉ. श्यौराज सिंह अपनी पत्नी रजत रानी 'मीनू' और अपनी बेटी को ले कर गाँव पाली गए थे। पाली से लौटते हुए अतरोली के रेलवे स्टेशन के बाहर फुटपाथ पर बैठे एक मोची पर उनकी नजर गई। वह मोची उन्हें पूर्व-परिचित सा लगा। उन्होंने अपनी पत्नी से कहा—"तुम यहाँ प्लेटफार्म पर बैठो। मैं जरा उस

आदमी से मिलकर आता हूँ। वह मुझे कुछ जाना-पहचान का लगता है।"[43] इस पर उनकी पत्नी ने उनसे कहा था, जो श्यौराज के बाल श्रमिक के जीवन को समझने में पर्याप्त है—"अजीब बात है। कहीं कोई राजमिस्त्री मिलता है तो कहते हो मैं भी राज था। नींबू खरीदने जाओ तो कहते हो मैं भी नींबू बेचा करता था। अखबार डालने वाले को बताते हो कि मैं दूसरी मंजिल पर पेपर नहीं फेंक पाता था। उस दिन होटल में खाना खाने गये तो कहने लगे, दिल्ली में भी होटल में बर्तन साफ किया करता था। गाँव गये तो बताने लगे कि मैं प्रेमपाल सिंह यादव का हल जोता करता था। अब मोची मिला तो कहते हो जाना पहचाना लगता है। क्या-क्या करते रहे थे तुम शादी से पहले? यह सब बताया क्यों नहीं था?"[44]

'खुद मुखत्यार' कितना अच्छा शब्द है? हर कोई चाहता है कि उसे अपने जीवन की खुदमुखत्यारी मिल जाए। लेकिन डॉ. श्यौराज सिंह बेचैन की आत्मकथा में इस शब्द का अर्थ बहुत ही पीड़ाजनक है। पढ़ कर हृदय काँप जाता है। ऐसी दर्दनाक खुदमुखत्यारी भगवान किसी को न दे। आखिर, एक बालक की खुदमुखत्यारी क्या हो सकती है? इस लेखक को दाद देनी पड़ती है कि वह इस शब्द का लाक्षणिक प्रयोग कर सका है। उन्होंने लिखा है—"मुझे निर्णय लेना था। मैं अपने बचपन का खुद मुख़्तार था। वैसे भी मेरे घर में कोई किसी का पेट पालने की स्थिति में नहीं था। न मैं अंधे बब्बा का, न वे मुझ बालक का। हर सदस्य को अपने पेट के लिए काम करना पड़ता था।"[45]

एक अन्य स्थल पर उन्होंने लिखा है—"इन्हीं हालात में मैंने 'कसेर' जाकर मोचीगिरी करके अपना अस्तित्व बचाने का निर्णय लिया था। फैसला मेरा था। मेरी खुद मुखत्यारी थी। हालात ने मुझे यही एक विकल्प दिया था। इसी से गुजरने की मेरी तैयारी थी। सलाह किससे, क्या लेता? मेरा था भी कौन? बब्बा को बताना था। सो उन्हें बोल कर रात की गाड़ी से जाने के हिसाब से घर से चल पड़ा। ओढ़ने-बिछाने को मेरे पास कोई खास कपड़ा-लता नहीं थे। मैं सर्दियों की रातें कभी श्यामलाल की रजाई में, कभी बुद्धसेन के बिस्तर में तो कभी दालान में पड़ी पताई पर सोकर अथवा अपने लत्ते-गूदड़ों से बने कथरा (गद्दा) ओढ़कर गुजार देता था। रूई की रजाई-गद्दा मुझे नसीब नहीं थे। कपड़े बदलने के लिए नहीं थे। इस कारण उनमें मैल और जुएँ बेहिसाब बढ़ जाया करतीं थीं।"[46] यह बचपन है, बेगार है, या क्या है, जब लिखा मिलता है?—"बचपन मेरे कंधों पर था और मैं किशोर वय की ओर आगे बढ़ रहा था। कदम नन्हें थे और कल के रास्ते अपरिचित, ऊबड़-खाबड़ थे, पर...।"[47]

पढ़ने और स्कूल में दाखिला लेने का निर्णय भी खुद इस बालक का अपना था। आत्मकथाकार ने लिखा है—"...मैं अपने बचपन का खुद मुख़्तयार था। अपने

सख्त निर्णय लेकर तो मैं अपने गाँव से यहाँ स्कूल आया था। बस्ती के ज्यादातर लोगों को मेरा निर्णय मूर्खतापूर्ण, हास्यास्पद और बचकाना लगा था। कुछ लोग मेरे निर्णय के विरुद्ध थे और कुछ तटस्थ थे। समर्थक कोई नहीं था। कुछ उपहास उड़ा रहे थे–तो कुछ कह रहे थे–"पछताएगा और साल-दो-साल लम्बरदार की गुलामी करके लौट आएगा। आखिर बाप-दादा के पाँव पर ही तो चलेगो। बेवकूफ क्या आसमान से टपकते हैं।" "[48] लेखक की साहित्यिक अभिव्यक्ति और भी सफल हुई है जब इस आत्मकथा में उन्होंने बताया है–"मुझसे यह कहने वाला कोई नहीं था कि तू पढ़ या मत पढ़। खाना बना या मत बना, खा या मत खा। जो भी करना था, अपनी बुद्धि-विवेक के अनुसार करना था। सुबह जल्दी उठने की आदत थी उन दिनों।"[49]

## घ. गरीबी की इन्तहा और योजनाएँ

प्रधानमंत्री जवाहर लाल नेहरू द्वारा डॉ. अम्बेडकर को स्वतंत्र भारत के अपने पहले कैबिनेट में मंत्री बनाने का निमंत्रण दिया गया था। जब ऐसी बात थी तो डॉ. अम्बेडकर ने अपने लिए एक खास मंत्रालय की माँग रखी थी। वह योजना मंत्रालय था। नेहरू ने उन्हें विधि मंत्री पद का कार्यभार सौंपने की पेशकश की थी। डॉ. अम्बेडकर ने नेहरू से कहा था कि विधि मंत्रालय में उनके करने के लिए कोई विशेष काम नहीं है, इसलिए वे एक अर्थशास्त्री होने के नाते देश के विकास के लिए योजनाएँ बनाना चाहते हैं। नेहरू ने उनसे कहा था कि विधि मंत्रालय में उनके योग्य काफी काम मिल जाएग। नेहरू ने योजना मंत्रालय खुद अपने पास रख लिया था। असल में, डॉ. अम्बेडकर को योजना मंत्री न बनाने के उस निर्णय में बालक श्यौराज और श्यौराज जैसे दूसरे बच्चों का भविष्य छीना जा रहा था। फिर, काफी वर्षों तक निर्धनता को मिटाने की योजनाएँ नहीं बनीं, जो बनीं वे नामचार को थीं। सिंडिकेट-इंडिकेट के दौर में योजनाओं के नामों की भरमार आ गई लेकिन धनराशि को ब्लाक डेवलेपमेंट ओफिसर और पार्टियों के राजनीतिक कार्यकर्ता खा गए। सब्सिडी एक तरह से छोटे स्तर के राजनीतिक एजेंटों की तनख्वाह बन गई। उससे अगले दौर में गरीबी मिटाने की बिखरी हुई योजनाओं को आई.आर.डी.पी. में समेकित किया गया–सब ढाक के तीन पात। रुपए में 14 पैसे और 15 पैसे की बात उठने लगी।

इसका मतलब यही निकला था कि सारी कमी गलत योजनाओं की है। इसका मतलब है–या तो हमें अपने देश की निर्धनता के बारे में हकीकत का ज्ञान नहीं है, या हम योजनाओं को बनाने में और उन्हें लागू करने में ईमानदार नहीं हैं। कोई

व्याख्या देनी ही पड़ेगी। गरीबों के घरों पर 'पोलिटिकल विजिटों' की क्या अहमियत और कारगरता है? श्यौराज सिंह बेचैन की किताब 'मेरा बचपन मेरे कंधों पर' पोलिटिकल विजिटों की गति सीधी संसद की ओर कर रही है, जिसकी ओर बाबा साहेब डॉ. अम्बेडकर ने अपने दाहिनी हाथ की पहली अंगुली उठा कर इशारा और गर्जन किया था। अब राजनेताओं को गरीबों के घर की ओर जाने की जरूरत नहीं है, खुद उठ कर गरीब ही संसद की ओर आ रहे हैं। डॉ. श्यौराज सिंह की इस पुस्तक के प्रकाशन में यही मंशा जाहिर हो रही है।

डॉ. श्यौराज सिंह का बाल जीवन तत्कालीन राजनीति को किस आस से देख रहा था? उस समय दलित राजनीति के दो प्रमुख राजनेता थे–बाबू जगजीवन राम और बुद्ध प्रिय मौर्य। नरौरा में बी. पी. मौर्य और इंदिरा गांधी विमान से आए थे। उस दिन बाबू जगजीवन राम का आना नहीं हो सका था। श्यौराज ने सुना था कि बी.पी. मौर्य ग्राम सभाओं की परती जमीन और चालीस-पचास गज के आवासीय टुकड़े अनुसूचित जातियों में मुफ्त बाँटने की शर्त पर इंदिरा गांधी की कांग्रेस पार्टी में आए हैं। तब बालक श्यौराज सोच रहा था–"शायद बीघा चार बीघा उपजाऊ जमीन हमें भी मिल जाए तो मेरी अम्मा मेरे पास गाँव लौट आये। हमें दूसरों के खेतों पर गुलामी करने के बजाय अपने घर में दोनों वक्त की रोटी का इंतजाम हो जाए। इस आशा से मैं इंदिरा गांधी और बी. पी. मौर्य को देख रहा था। इंदिरा जी का गरीबी हटाने का ऐलान मुझे भरोसा दे रहा था... ।"[50] यहाँ यह भी देखा जा सकता है कि बीसवीं शताब्दी के अस्सी के दशक तक प्रेमचंद अपने उपन्यास 'रंग भूमि' में कितने गलत और झूठे हैं जो वे तीसरे दशक में लिख रहे थे। प्रेमचंद 'रंगभूमि' के चमार पात्र सूरदास के पास दस बीघे की पुश्तैनी जमीन बता रहे हैं जबकि श्यौराज का बचपन अस्सी के दशक में परती पड़ी जमीन के लिए आस लगा रहा है।

गरीब लोगों के दुख इस कारण बढ़े हुए हैं क्योंकि उनके लिए कोई योजनाएँ नहीं हैं। किसी देश और समाज को अच्छी तरह चलाने के लिए राज्य के पास संस्थाएँ होनी चाहिए। न योजनाएँ हैं और न संस्थाएँ हैं, तब गरीबी और गुलामी कैसे मिटेंगी? डॉ. श्यौराज ने लिखा है–"यूँ हम गुलाम थे, जबकि देश उन्नीस सौ सैंतालीस में ही आजाद हो गया था। जिन्दा हैं तो मालिक के लिए शरीर धुनो, बीमार हो तो कहीं और भाग जाओ...अपने गाँव या शहर। मर रहे हो तो उनकी बला से। कल मरने वाले हो तो आज मरो, कोई और चंगा बन्दा आ जाएगा। बालक हो बूढ़ा हो, या बीमार, रोटी तभी मिलेगी जब कमाएगा।"[51] शिक्षा और स्वास्थ्य की स्थितियाँ भयावह हैं। लेखक अपने अनुभव से लिख रहा है–"हारी-बीमारी में कोई दवा-दारू नहीं। किसी भी बच्चे के लिए कोई तालीम का प्रबंध नहीं। हर घर से चार-पाँच बाल मजदूर काम किया करते थे। सरकार का कोई कानून वहाँ नहीं। आजादी का कोई आभास नहीं।"[52]

लेखक गरीबी की समस्या को अच्छी तरह जानता है। वह मात्र गरीब नहीं है, बल्कि गरीबी का विश्लेषण भी करता है। वह जानता है कि लोग गरीब क्यों हैं। उसे पता है कि लोग बाहरी वजह से गरीब हैं। उसने देखा, भुगता और लिखा है–"मैं और मेरे बब्बा धोवना लदोई (मैली) जैसे मामूली मेहनताने पर वहाँ काम किया करते थे, मिलने वाला मेहनताना इतना कमतर होता था कि गुजारा करने के लिए लदोई खानी पड़ती थी। यूँ न्यूनतम मजदूरी कानून का पालन तो गाँव में आज तक नहीं होता।"[53] जो लोग काम नहीं करते, निठल्ले हैं, उनकी बात नहीं की जा रही है, लेखक उनकी समस्या को देख रहे हैं, जो कमाते हैं। वे लिखते हैं–"मेहनत-मजूरी से गरीबी नहीं हटती। असंगठित मजदूरों के लिए सरकारी वेतन नीति तो गाँव में आज तक लागू नहीं है। इसलिए उनकी हारी-बीमारी, स्वास्थ्य और उनके बच्चों की शिक्षा की कोई व्यवस्था नहीं। उनकी मूलभूत न्यूनतम आवश्यकताएँ पूरी नहीं होतीं। भूमिदार सवर्ण ही होते थे। वे पचास रुपए का काम कराते और पाँच रुपया देते। फूफा जैसे करोड़ों दलितों का खून आजाद भारत में आज भी कम नहीं चूसा जा रहा।"[54]

सरकारी योजनाओं का कार्यान्वियन नहीं होता है। करना कुछ होता है और कर कुछ और दिया जाता है। भ्रष्टाचार मात्र भ्रष्टाचार नहीं है बल्कि यह जातिगत और ऐतिहासिक है। इसी वजह से गाँव-गाँव से वे अचम्भे देखने को मिलते हैं जिनकी मिसालें अन्य समाजों में मिलनी मुश्किल होती हैं। लेखक ने बाबा साहेब डॉ. अम्बेडकर की खोजी गईं ऐतिहासिक रिड़लों में अपने समय की एक नई रिड़ल यह खोजी है–"अछूतों को मिलने वाली सरकरी जमीन के पट्टे तक दबंग लोग फर्जी नामों से कब्जा लेते हैं। पट्टे में नाम चमार-भंगी का और खेत में हल गैर-दलित का चलता है।"[55] उधर, योजना निर्माताओं को यह पता नहीं कि गरीबों के दुखड़े क्या हैं। वे बीमार हाथी की पूँछ का इलाज करते हैं तो उसकी सूंड में घाव बचा रहता है। गरीबी पर समग्र और चौतरफा हमला नहीं किया जाता। बिना गरीबों से सलाह-मशविरे किए झूठे सर्वे और फर्जी आंकड़ों के आधार पर योजनाओं के मापक तैयार कर लिए जाते हैं। ऐसी योजनाएँ अपने परिणामों में बुरी तरह फेल होती हैं। ऐसी एक फेल योजना के बारे में डॉ. बेचैन ने बताया है–"फसल कटाई, उठाई आदि के प्रमुख काम इन्हीं दिनों होते थे। सो वे सब किए और मास्साब ने घेर में दो कमरे बनाए। उन पर भी मैंने जमकर काम किया। बाकी दस-पंद्रह दिन बाहर मिस्त्रीगिरी करके कुछ रुपए कमाये थे। होतीलाल के चार सौ में से करीब दो सौ रुपए कर्ज और ब्याज दे दिया। मुंशी श्यामलाल यादव के तीन सौ का कर्ज मेरे सिर पर बकाया था। उसे उतारने के लिए मुझे सरकारी आवास योजना के तहत घर बनाने को मिली एक घर की जगह हप्पू-धर्मपाल को तीन सौ रुपए में बेचनी पड़ी।"[56]

योजनाएँ अपने गर्भ में ही निष्फल है। ये बांझ योजनाएँ हैं। इनसे गरीबों का कुछ सधता नहीं है। लेखक ने गरीबी का प्राचीन और समकालीन इतिहास लिख दिया है, जब बताया है—"जीविका के स्रोत जैसे आजादी से पहले इन लोगों के पास नहीं थे, वैसे ही मेरे परदादा नन्हें के मंझोले बेटे विधाराम के दोनों बेटों बाबूराम और राधेश्याम और इनकी तीन बहनों (कलावती, मानो और छोटी ) के पास जीविका के आधार के तौर पर उपजाऊ भूमि से लेकर व्यापार तक के कोई भी साधन नहीं थे। वे दलित-सर्वहारा थे। सवर्ण समाज की तुलना में आज भी मानवीय गरिमा पाने से दूर हैं।"[57] कुछ कर न पाने की अपनी स्थिति को देख कर वे खुद को कोसने लगते हैं—"आजकल नौकरशाहों, समृद्ध लोगों के घरों में कुत्तों को मिलने वाली तवज्जो को देखकर अपनी गुजरी हुई जिन्दगी पर दुख होता है। कई बार क्रोध भी आता है और कई बार अपने आपसे घृणा होने लगती है कि क्यों नहीं किया कोई विद्रोह उन दिनों मैंने? क्यों नहीं गया आजाद देश की किसी योजना का ध्यान हमारी ओर। मैं अकेला नहीं, हजारों-लाखों में से एक हूँ। मैं उन्हीं में से हूँ जो आज भी बदतर जिन्दगी जी रहे हैं।"[58] उनकी आँखों से कुछ नहीं बचा है। वे इस गरीबी की निरंतरता को लाचार हो कर खड़े देख रहे हैं और भुन रहे हैं—"जहाँ एक ओर जाट, गुसाईं भू-स्वामियों की समृद्धि आसमान छू रही है...गाँव में ट्रैक्टर-ट्रालियाँ ही नहीं जीपें-कारें आ रही हैं, वहीं चमारों, भंगियों, अहेरियों और धोबियों का भविष्य घोर अंधकारमय होता जा रहा है। उनके पुश्तैनी पेशे छिन चुके हैं या बिक चुके हैं और नये विकल्प बंद हैं।"[59]

## ङ. पढ़ाई : वारिस और वसीयत

क्या ऐसा होता है कि पढ़ने वाले बच्चे को न पढ़ने दिया जाए? कहीं ऐसा होता देखा गया है कि पढ़ने वाले बच्चे को पढ़ने से जबरन रोका जाए? जी हाँ, ऐसा होता है और उसका सबसे बड़ा उदाहरण इस पुस्तक 'मेरा बचपन मेरे कंधों पर' में उपलब्ध है। क्या कोई अपने बच्चे को स्कूल से रोकता है और उसकी किताबों और तख्ती को माचिस की तिल्ली से जला देता है? यकीन करना ही पड़ता है कि लेखक के साथ ऐसा हुआ है। तब लेखक का और उसकी किताबों और तख्ती जलाने वालों का रिश्ता क्या था? किस रिश्ते में यह संभव है? आदमी पर ऐसा भूत सवार कब होता है? ऐसा तभी होता है जब रिश्ते एक-दूसरे से पराए के होते हैं।

शूद्रों को न पढ़ने देने का ब्राह्मणों की स्मृतियों का उदाहरण हमारे सामने है। यह लिखित उदाहरण है—और इसे कोई झुठला नहीं सकता। गौतम स्मृति में शूद्र

को न पढ़ने देने के लिए बाकायदा विधान रच कर पक्की व्यवस्था की गई है। पर तब ब्राह्मण अपने वर्गों के बच्चे के लिए क्या कर रहा था? वह उन्हें पढ़ा रहा था। वह उन्हें जबरन पढ़ा रहा था। वह उन्हें पीट-पीट कर पढ़ा रहा था। फिर भी, उसके बच्चे न पढ़ें तो ब्राह्मण क्या करे? जो उसके बस का था, वह उसने कर दिया था। उसने क्या कर दिया था? उसने तुलसीदास नाम का वर्णकवि बन कर यह लिख दिया था :

*पूजिअ बिप्र सील गुन हीना,*
*सूद्र न गुन गन ग्यान प्रवीना।*[60]

यह चौपाई बिलकुल ऐसी है मानो श्यौराज के सौतेले बाप भिकारी लाल ने अपने सगे बेटे रूपसिंह के नाम में लिख दी है। यह चौपाई अपनी औलाद के हक में वसीयतनामा है—और कुछ नहीं है। इसका मेरिट से, जिसे हिंदी में 'योग्यता' कहा गया है, कुछ भी लेना-देना नहीं है। इसी हजारों साल के वसीयतनामे को अब सरकारी नौकरियों में और शैक्षिक संस्थानों में, आरक्षण की व्यवस्था के द्वारा, सुप्रीम कोर्ट के आदेश की सीमा में रह कर, पचास प्रतिशत तक सीमित किया गया है। राष्ट्ररक्षा के हक में यह 'आरक्षण बनाम वारिस जमा वसीयत' का मुकदमा है। सबको पता है, वसीयत की व्यवस्था द्वारा राष्ट्र की रक्षा कभी नहीं हो सकी।

मैंने 40 साल पहले प्रो. आर. जी. कोलिंगवुड की एक पुस्तक 'द न्यू लेवियथन' पढ़ी थी। उसमें बताया गया है कि सत्ताधारी वर्ग में कुछ नालायक लोग पैदा हो जाते हैं, तथा ऐसे ही, सत्ताहीन वर्ग में कुछ लोग काबिल पैदा हो जाते हैं। समाज को सुचारु रूप से चलाने के लिए जरूरत उस साइफन की होती है जिससे सत्तासीन वर्ग के नालायक लोग सत्ताहीन वर्ग में धकेल दिए जाएँ और सत्ताहीन वर्ग के काबिल लोग सत्तासीन वर्ग में पहुँचा दिए जाएँ। यदि ऐसा नहीं होता है तो समाज कमजोर हो जाएगा और बेचैनी बढ़ जाएगी। तब या तो अंदर से खूनी क्रांति होती है या बाहर से विदेशी आक्रमण होता है। इस तर्क पर भारत के इतिहास ने विदेशी आक्रमण होने देने का रास्ता अपनाया है। इस मामले में एच. एल. दुसाध ने अपनी पुस्तक 'बहुजन डाइवर्सिटी मिशन का घोषणपत्र' में सही माना है कि वर्ण-व्यवस्था आरक्षणवाद के सिवा कुछ नहीं है। वर्णों की नींव आरक्षण पर जमी है। आरक्षण छीन लिया जाए तो वर्ण-व्यवस्था ताश के पत्तों की तरह अपने आप बिखर जाएगी। दुसाध ने जोतिबा फुले की शब्दावली में लिखा है—"आरक्षणवादी वर्ण-व्यवस्था के चलते शूद्रातिशूद्र चिरकाल के लिए ही शिक्षाहीन, भूमिहीन, व्यवसाय, वाणिज्यहीन बनने के लिए अभिशप्त हुए।"[61] भगवत शरण उपाध्याय ने भी अपनी पुस्तक 'भारतीय

समाज का ऐतिहासिक विश्लेषण' में भारतीय वर्णों और जातियों का मुख्य आधार और कारण आर्थिक ही माना है।[62]

बालक श्यौराज के साथ एक झंडे की घटना घटी थी। उस बारे में डॉ. बेचैन ने लिखा है–"इस घटना के करीब बारह साल बाद तक छात्र के रूप में मैंने किसी भी विद्यालय का मुँह नहीं देखा। जो कुछ थोड़ा-बहुत पढ़ा, वह बालश्रम करते हुए अनौपचारिक रूप से अभिरुचि के अनुसार पढ़ा था।"[63] अपने पढ़ने के शौक और तरीके के बारे में उन्होंने लिखा है–"पढ़ने का शौक पहले से था। जरूरत बाद में महसूस हुई। मेरा निर्माण अध्ययन की निरंतरता में हुआ। पर यहाँ मैं बहुत आरम्भ की झलक दे रहा हूँ। जब भी, काम जो भी करता, लेकिन एक मैली पतली-सी किताब मेरी जेब या थैले में अवश्य रहती थी और जिन्हें मैं पढ़ सकता था। स्कूली बच्चों की वे सब किताबें मैं पढ़ता था जो मुझे अच्छी लगती थीं। मेरा कोई निश्चित कोर्स और गुरु नहीं था। किसी स्कूल का छात्र मैं नहीं था।"[64] यह शौक क्या, पढ़ने का जुनून था, जो इन शब्दों में व्यक्त हुआ है–"पढ़ने-लिखने से मैं तब ही हटता था जब शौचादि के लिए उठकर जाना होता या भूख लगने पर खाना बनाना होता अथवा फिर कमाकर आटा-दाल की व्यवस्था करने की जरूरत होती थी।"[65]

लेखक ने चोरी भी की तो किस बात के लिए? चोरी सीखी तो क्या करने के लिए? उन्होंने खुद अपनी चोरी करने की आदत पर लिखा है–"पूरे दिन रहट हांकने की पगार मुझे मात्र पच्चीस नए पैसे मिला करते थे। एक रुपया मेरे चार दिन की रहट हंकाई की कमाई थी। उससे दस-दस पैसे की कम-से-कम दस पुस्तिकाएँ मैं पैंठ से खरीद सकता था। मेरी बचत मुख्यतया, फुटपाथी पुस्तिकाएँ खरीदने-पढ़ने के लिए ही होती थी। दिन-भर काम करना, रुचि और अपने स्तर की किताबें पढ़ने के अलावा मेरा कोई शौक नहीं था। पेट को रोटी और दिमाग को पढ़ाई की भूख लगती थी। इसके लिए मैं यदाकदा विक्रेता से पुस्तक की चोरी भी कर लिया करता था।"[66]

माँ-बाप अपने बच्चों को महंगे-महंगे स्कूल देते हैं। उनमें लाखों रुपयों की फीस भरी जाती है। एक स्कूल की दूसरे स्कूल से तुलना करते हैं। सौ सुविधाओं की खोज करते हैं। लेकिन बालक श्यौराज के स्कूल कैसे थे? उन्होंने बताया है–"देश-प्रदेश में न तो मेरा कोई स्थाई ठौर-ठिकाना था और न मेरे लिए कोई निश्चित काम-धंधा। एक बालक की शिक्षा-स्वास्थ्य के क्या हक और क्या साधन होते हैं, मैं इन बातों से परिचित नहीं था। मैं जो पढ़ता था वह शौक के तौर पर पढ़ता था और मेरा स्कूल तो पूरा समाज, पूरा देश था। किसी निश्चित परिधि में मेरा कोई अध्ययन-मनन नहीं था।"[67] उन्होंने अपने विद्यालयों और शिक्षकों का हुलिया चित्रित कर दिया है, जब लिखा है–"इन्हीं के पास मेरे तीन साल मोची गिरी

करते हुए कटे थे। वह मेरे खेलने-खाने और स्कूल जाने की उम्र थी, पर मुझे व्यवस्था ने फुटपाथ दिया था...जहाँ बैठकर मैं बूट पालिश किया करता था और अपने ग्राहकों को पढ़ा करता था। मेरे हालात मेरे विद्यालय थे और मेरे संपर्क में आने वाले लोग मेरे शिक्षक।''[68]

दिल्ली में एक बालक के रूप में नींबू बेचते समय इनका एक स्त्री से परिचय हुआ तो वे इनकी कहानी को समझ नहीं पा रही थीं। श्यौराज ने लिखा है—''एक मेम साहिबा के लिए यह आश्चर्य की बात होती थी कि मेरे जैसा एक बच्चा पढ़ना चाहकर भी पढ़ नहीं सकता। उनकी आम धारणा थी कि जो नहीं पढ़ना चाहते, वही नहीं पढ़ पाते हैं। मुझे देखकर उनकी धारणा को आघात पहुँचता था। आजाद देश की सरकारों ने मेरे जैसे लावारिसों के लिए कौन से स्कूल खोले थे, जहाँ पढ़ाई होती, काम होते और छात्र जीवन में रोटी की अतिरिक्त चिंता नहीं होती।''[69]

बालक श्यौराज की पढ़ाई कई पेचों में फँसी हुई थी। एक तरह से पढ़ाई रुकी हुई थी। उन्होंने अपनी तत्कालीन समस्याओं के बारे में लिखा है—''उन दिनों स्कूल में पढ़ने की मेरी तीव्र इच्छा थी। पर मेरे जैसे लावारिसों के लिए स्कूल नहीं होते। जिन्हें खुद रोटी का इंतजाम करना हो, वे पढ़ने के लिए नहीं कमाने के लिए पैदा हुए होते हैं।''[70] वह एक जाल में था, भँवर में था, चक्रव्यूह में था। वह सोच रहा था—''अगर पढ़ने का मौका मिल भी गया तो रोटी कहाँ से मिलेगी, और अगर रोटी के लिए कमाऊँगा तो पढ़ने-लिखने को समय कहाँ से निकाल पाऊँगा? मजूरी और स्कूल की पढ़ाई दोनों साथ-साथ कैसे चलेंगी? नहीं तो कपड़े-किताबें कहाँ से आएँगे?''[71] एक दिन अच्छा अवसर मिला और वह संवाद इस प्रकार है—''प्रधानाध्यापक ने मुझसे पहला प्रश्न किया—''क्या तुम पढ़ना चाहोगे?'' उन्होंने मेरी दुखती नस पकड़ ली थी। मेरा जवाब था—''पढ़नौ तो मैं बहुत चाहतु हूँ, पर मैं पढ़ंगो तो खाऊँगा का? खाने कूं काम कौन करेगो? मैं काम नांय करंगो तो खाऊँगो कहाँ तें, और स्कूल में जाइके कौन-सी क्लास में बैठंगो?'' मेरी सद्इच्छा और बुनियादी समस्या को सुनकर वे बोले—''तुम क्लास में बैठने की चिंता छोड़ो। हम तुम्हारा टेस्ट लेकर पाँचवीं-छठी कक्षा में बिठा देंगे। सोच कर बताओ कि पढ़ोगे या नांय?'' ''[72]

अवसर मिलने का मतलब यह नहीं था कि सब कुछ ठीक-ठीक चला। कुछ भी ठीक नहीं चला था क्योंकि आर्थिक शोषण कदमताल करके साथ-साथ चला था। लेखक ने लिखा है—''तब स्कूली शिक्षा से निराश होकर प्राइवेट पढ़ने की सोच रहा था। पर शिक्षा मेरे लिए उस कबूतर के चुग्गे की तरह थी, जिसे पाने के लालच में मैं हर बार किसी-न-किसी शोषण के जाल में फंस जाता था।''[73] पढ़ाई का हर्ज इस रूप में सामने आ रहा था—''पढ़ तो मैं पूरी लगन और मेहनत के साथ ही रहा था। पर मेरा अधिक समय रोटी के लिए शारीरिक श्रम करने में गुजरता था। मन स्कूल

में रमता था और शरीर खेतों में खपता था।"[74] यह बिल्कुल उस शोषक मास्टर की बात हो रही है जो उनकी मदद कर रहा है। यह मदद है या शोषण है? डॉ. बेचैन ने रिकार्ड दर्ज किया है—"परीक्षाएँ पास आ रही थीं, मुझे तैयारी के लिए समय चाहिए था और उनकी फसलें पक रही थीं, इसलिए सिंचाई-निराई का काम बढ़ रहा था। वे ज्यादा-से-ज्यादा काम लेना चाहते थे, कहने लगे थे कि तुम कुछ दिन स्कूल छोड़ खेतों का काम करते रहो। कामों की फेहरिस्त थमाकर वे अपने बेटे मेरे सहपाठी को साथ लेकर स्कूल चले गये। मेरे मन के विरुद्ध यह शोषण क्रम चल रहा था।"[75] ऐसे में, स्कूल के दूसरे बच्चों से होड़ कैसे और कैसी? अच्छा किया, लेखक ने उसे दर्ज कर दिया है—"अभ्यास से सब ठीक हो सकता था, पर जो लड़के हमेशा स्कूल जाते रहे हैं, उनकी बराबरी मैं कैसे कर सकता था? हालांकि पढ़ने-लिखने से मेरी लिखावट भी सुधर रही थी, शब्द कोश बढ़ रहा था और भाषा बदल रही थी, पर मुकाबिला तो उन सबसे था जिन्हें शिक्षा ग्रहण करने के अवसर और पारिवारिक सहायता प्राप्त थी। मेरे यहाँ तो पूर्वजों की किसी भी ज्ञात पीढ़ी में कोई साक्षर तक नहीं हुआ था।"[76]

मास्टर साहब ने श्यौराज को करने के लिए अपने घर का सारा काम बता दिया। श्यौराज करे तो क्या करे? ऐसे समय उसके मनोभाव बदलते रहे। जो निर्णय लिया, वह विकल्पहीन हो कर ऐसे लिया—"मैंने सोचा, अगर कहूँ कि खेत मजूरी पर कटवा लो और अनाज भी उठवा लो, सब मुफ्त क्यों कराते हो तो वे मुझे स्कूल से बाहर करा देंगे और आने को हाँ कर दूँ तो फिर जबान झूठी नहीं करना है, आना ही है। मैंने मन में सोचा कि चलो दो-तीन साल हो गये काम करते, एकाध साल और सही। फिर तो मेरी बंधुआ भक्ति मेरी मर्जी पर होगी। कभी तो अपना जीवन अपने मन से जिऊँगा। मास्साब की बेगार स्वैच्छिक होगी। मजबूरी नहीं होगी। अभी तो ना का मतलब अपने सपनों की इमारत को अपने हाथों नींव से ही गिरा लेना होगा। अतः मैंने सोच कर कहा—"ठीक है, मास्साब, मैं परसों जरूर आ जांगो।" "[77]

लोग जानते हैं कि वे इम्तहान के दिनों में अपने बच्चों के पेपरों की तैयारी कैसे करवाते हैं। ऐसा मान लिया जाता है, मानो बच्चों के बजाय खुद उनके पेपर हो रहे हैं। इधर एक यह बालक है जो अपने पेपरों के दिनों के बारे में बता रहा है—"काम करने के लिए मुझे हर पेपर के बाद तैया(री) करने के लिए मिलने वाली छुट्टियों के सब दिन गुरुजी की गुलमयी की भेंट चढ़ जाते थे।"[78]

गुरु-माता के व्यवहार के बारे में लिखा गया है—"मैं जिस दिन काम नहीं कर पाता उस दिन, रोटी देना उन्हें अच्छा नहीं लगता था। बल्कि उस दिन उनकी भाषा बदल जाती थी और व्यवहार बेहद रूखा हो जाता था।"[79] ऐसे ही, एक दूसरे चौधरी रघुनाथ सिंह के घर की बंधुवई मजदूरी के बारे में लेखक ने अपना पूरा सच इन शब्दों

में उगल दिया है—"घर में दूर से ही याचक की भांति रोटी माँगनी पड़ती थी, इसलिए गुरु-माता का यह व्यवहार मुझे परेशान करने वाला था। मैं अपने उस विद्यार्थी जीवन को लेकर अकेले में कई बार फफक-फफककर रोने लगता था। पर न जाने कहाँ से मेरे भीतर यह आशा बलवती हो उठती थी कि जो कष्ट, शोषण और मुसीबत आज है, कल नहीं होगी। पढ़ गया तो सब दुख-दरिद्दर दूर हो जायेंगे, इसलिए उपेक्षा और अपमान की स्थितियों को नजरअंदाज कर काम में जुट जाता था। पढ़ने के लिए मेरे पास कोई साधन नहीं था। पेट के लिए बेगार गुलामी करने के अलावा दूर तक भी कोई विकल्प, कोई राहत का रास्ता नजर नहीं आता था। जाति-बिरादरी और नाते-रिश्तों की सीमाएँ मैं जान चुका था। न रहने को ठौर था, न खाने को कौर। सपने थे, संकट था, ऐसा था दौर।"[80]

गुरु-माता ने बालक श्यौराज के साथ अंत की उतार रखी है। इनके स्कूल जाने के समय इनसे कहती हैं—"देखि द्वय दिन तैं भंगिया को नास पीटो नांय आयौ है। घर में बदबू फैल रही है। बालकन की टट्टी जमा है रही है। तू बुरौ मत मानिये मैंने सुनो है भंगी-चमार सब काम कर देते हैं। घेर के बाहर तसला धरौ है, बाहर खुरपी पड़ी है। राख-मट्टी मैं दे दूँगी तू नैंक जाइ गन्दगी कूं उठाइ के खेत में फैंक आ। मैं अबही लल्ली से रोटी बनवाई दूँगी। खाइ के तू स्कूल चलौ जइयौ। देर होगी तो लल्ला तेरे गुरुजी से कह के तेरी हाजिरी लगवाय देगौ।"[81]

दुख इसलिए ज्यादा हो रहा है कि यह बालक उनके बालक से अपनी तुलना कर रहा है। तुलना आँखों के सामने है—"मैंने देखा कि उनका बेटा साफ-सुथरी ड्रेस पहन स्कूल जाने के लिए दही-सब्जी खाकर तैयार हो रहा है, और मुझे जो काम बताया गया उसे सुनकर मैं भीतर तक हिल गया। नहाने-धोने का इरादा तो उसी वक्त हवा हो गया। आप अब राख-मिट्टी की तैयारी कीजिए कहकर मैं चक्की वाले कमरे से जुड़ी पशुशाला की ओर बढ़ा...यह सोचता हुआ कि मेरे बचपन की दुनिया से गैरहाजिर मेरे दिवंगत पिता तुम्हारे न होने से मेरे साथ और क्या-क्या होना बदा है। तुरत-फुरत कपड़े पहने थैले में किताबें ठूंसी, साइकिल पर चढ़ा, चल पड़ा और फिर कभी पीतमपुर की प्रीति की ओर मुड़कर नहीं देखा।"[82]

शिक्षा की जद्दोजहद के लिए अन्यत्र भी काम हुए होंगे। लोगों ने बहुत मेहनत की होगी। दुनिया में एक से बड़े एक उदाहरण होंगे। लेकिन, विपरीत परिस्थितियों में बालक का पढ़ाई के लिए ऐसा संघर्ष मैंने आज तक दूसरी जगह नहीं पढ़ा। शिक्षा जगत में ये शब्द स्वर्णाक्षरों में लिखे जाने के योग्य हैं जो इस पुस्तक में इस लेखक ने लिखे हैं। ये इस प्रकार हैं :

"पर बिरादरी में मैं अपनी पढ़ाई के विषय में जिससे भी राय

लेता था, वही मेरे खिलाफ खड़ा हो जाता था। पूरे घर-बस्ती में एक भी स्त्री-पुरुष या बच्चा मेरे निर्णय में मेरे साथ नहीं था। माँ, बहन, भाई भी असहयोग की भाषा बोल रहे थे। इस तरह मैं एकदम अलग-थलग पड़ गया था। तब मैंने अपने आत्मविश्वास के सहारे और बालबुद्धि के अनुसार आवेश में आकर अपने चुनौतीपूर्ण निर्णय की जोरदार घोषणा की थी—"मैं पढ़ंगो, एक फेरा कोशिश जरूर करंगो। अगर दसवीं पास नांय करि पाओ, तो हार मान लिंगो, पर बिना कोशिश करे तो नांय मानंगो। कोई मेरो संगु देउ या मत देउ। मैं एक-एक अक्षर के बदले अपने खून की एक-एक बूंद दे दुंगो पर पढ़नो नांय छोड़ंगो। जो तुम सब मेरे खिलाफ हो तो मैं आज से चमरियानें में ही आनो छोड़ि दिंगो। सोइ ज़ाए करंगो मास्टर जी के घेर में। भाड़ में जाइ बिरादरी और चूल्हे में जाइ घर-परिवार। मैं पढ़ंगो, अपने बलबूते पै।"

मेरे कठोर निर्णय का जवाब मेरी माँ ने भी कठोरता से ही दिया था। वह बोली—"आज से मैं समजुंगी कि सौराज मरि गओ। मैंने एक बेटा पैदा ही नांय करो, मैंने नौ महीना अपनी कोख में एक पत्थर ढोओ। आज से सौराज पूरी बसती कूं मरे के बराबर है। अब तू जो मन में आवै सो करि। जब पढ़न की उमरि रही तब तो पढ़ि नांय पाओ अब दुए रोटी को काम कन्न लाक भओ है तो मिस्त्री के औजार छोड़ि कें कलम चलावैगो। मैंने कब नांय पढ़ानो चाहो, जो इतनो ही भाग वालो हो तो बाप काहे कूं मरी गओ तेरो? अब चार पैसा कमावन लाक भओ है तौ हमारो पेट भन्नो छोड़ि स्कूल के लालच में घर छोड़ि रओ है। तेरो जैसो दूसरों कोई निर्मोही होइगो जा दुनिया में? अब जहाँ मन आवै, चलो जा। मैं सबुर करि लिउंगी। जिन्दी रही तो देखउंगी तू कैसो पटवारी, मुंशी या सिपाही बनेगौ?"[83]

ऐसी स्थिति में, बालक श्यौराज से या श्यौराज जैसे बालकों से सिविल सर्विस की परीक्षाओं में सामान्य ज्ञान से ले कर मौखिक इंटरव्यू तक में किस प्रकार के प्रश्न पूछे जाने चाहिए? यदि यह पूछ लिया कि पाँच उपनिषदों के नाम गिनाओ तो समझ लो इस बच्चे को फेल करने की साजिश चल दी है, जो निश्चित रूप से, अपने परिणाम में कारगर सिद्ध होती है। बराबरी के लिए यह सवाल उस बच्चे से पूछा जा सकता है जिसके घर में उपनिषदों की प्रतियाँ रखी होती हैं। इसलिए, उस समानता में इस बच्चे से यह पूछा जाना चाहिए कि गाय के कितने थन होते हैं और

बकरी का दूध कितनी बार निकाला जा सकता है। जानना यह है कि बच्चा अपने सब तरह के वातावरण के प्रति कितना जागरूक और चौकन्ना है।

डॉ. श्यौराज सिंह बेचैन ने भी इस बात को गर्व से और डंके की चोट पर कहा है–"खाल काढ़ना एक कला थी तो उसे पकाने की प्रक्रिया पूरी इंजीनियरिंग थी। बिना कटे सफाई से खाल उतार देना या प्रयोगशाला में उसे पकाकर शुद्ध करना कोई कम हुनरमंदी का काम नहीं था। यहाँ किसी की किताबी मैरिट नहीं चलती थी, हालांकि पोथी-मेरिट वाला होना समाज की नजर में सम्मानजनक था और मवेशी उठाना अपमानजक। इस परीक्षा में कोई भी ब्राह्मण फेल हो सकता था। एक जरूरी सेवा होने पर भी इसे करने से चमारों को जितनी घृणा और तिरस्कार मिले हैं, वे गिनाए नहीं जा सकते। डॉक्टर मनुष्य की लाश का पोस्टमार्टम करता है तो इज्जतदार होता है। भंगिन सफाई करती है तो दुत्कारी जाती है। चमार पशु की खाल उतारता है, तो वह बहिष्कृत और अछूत बना रहता है।"[84]

## संदर्भ


1. मेरा बचपन मेरे कंधों पर, श्यौराज सिंह बेचैन, वाणी प्रकाशन, 21-ए, दरियागंज, नई दिल्ली-110 002, प्रथम संस्करण, 2009, पृ. 263
2. वही, पृ. 112
3. वही, पृ. 328
4. वही, पृ. 136
5. वही, पृ. 348
6. वही, पृ. 82
7. वही, पृ. 402-03
8. वही, पृ. 350
9. वही, पृ. 304
10. भट्ठों से छुड़वाए जाएँ बंधुआ मजदूर, हिंदुस्तान, नई दिल्ली संस्करण, 13 फरवरी, 2010, पृ. 4
11. मेरा बचपन मेरे कंधों पर, श्यौराज सिंह बेचैन, वाणी प्रकाशन, 21-ए, दरियागंज, नई दिल्ली-110 002, प्रथम संस्करण, 2009, पृ. 74
12. वही, पृ. 193
13. वही, पृ. 167
14. वही, पृ. 202
15. वही, पृ. 326
16. वही, पृ. 140-41
17. वही, पृ. 137-38
18. वही, पृ. 104
19. वही, पृ. 279
20. वही, पृ. 257
21. वही, पृ. 372
22. वही, पृ. 162
23. वही, पृ. 308
24. वही, पृ. 207
25. वही, पृ. 189
26. विरासत, हॉर्डिंग कार्टर, हिन्दुस्तान, 19 दिसंबर, 2009, नई दिल्ली संस्करण, पृ. 10
27. मेरा बचपन मेरे कंधों पर, श्यौराज सिंह बेचैन, वाणी प्रकाशन, 21-ए, दरियागंज, नई दिल्ली-110 002, प्रथम संस्करण, 2009, पृ. 319
28. वही, पृ. 84
29. वही, पृ. 47
30. वही, पृ. 77

31. वही, पृ. 17
32. वही, पृ. 187
33. वही, पृ. 277
34. वही, पृ. 137
35. वही, पृ. 191
36. वही, पृ. 252-53
37. वही, पृ. 256
38. वही, पृ. 273-74
39. वही, पृ. 408
40. वही, पृ. 294
41. वही, पृ. 220
42. वही, पृ. 343
43. वही, पृ. 284
44. वही, पृ. 284
45. वही, पृ. 170
46. वही, पृ. 276
47. वही, पृ. 223
48. वही, पृ. 329
49. वही, पृ. 374
50. वही, पृ. 387
51. वही, पृ. 148
52. वही, पृ. 147
53. वही, पृ. 192
54. वही, पृ. 68
55. वही, पृ. 32
56. वही, पृ. 418
57. वही, पृ. 79
58. वही, पृ. 194
59. वही, पृ. 70
60. कबीर की प्रासंगिकता, संपादक, विवेकदास, कबीर वाणी प्रकाशन केन्द्र, सतगुरु कबीर मन्दिर, कबीर चौरा मठ, वाराणसी-1, संस्करण 1978, पृ. 153
61. बहुजन डाइवर्सिटी मिशन का घोषणापत्र, एच. एल. दुसाध, बहुजन डाइवर्सिटी मिशन, 149/9, किशनगढ़, नई दिल्ली-110 070, प्रथम संस्करण, 2009, पृ. 20
62. भारतीय समाज का ऐतिहासिक विश्लेषण, भगतवशरण उपाध्याय, वाणी प्रकाशन, 21-ए, दरियागंज, नई दिल्ली-110 002, प्रथम संस्करण, 2009, पृ. 92-3
63. मेरा बचपन मेरे कंधों पर, श्यौराज सिंह बेचैन, वाणी प्रकाशन, 21-ए, दरियागंज, नई दिल्ली-110 002, प्रथम संस्करण, 2009, पृ. 66
64. वही, पृ. 182
65. वही, पृ. 396
66. वही, पृ. 275-76
67. वही, पृ. 296
68. वही, पृ. 289
69. वही, पृ. 223
70. वही, पृ. 211
71. वही, पृ. 308
72. वही, पृ. 302
73. वही, पृ. 340
74. वही, पृ. 338
75. वही, पृ. 343
76. वही, पृ. 372
77. वही, पृ. 390
78. वही, पृ. 417
79. वही, पृ. 351
80. वही, पृ. 341-42
81. वही, पृ. 343
82. वही, पृ. 343
83. वही, पृ. 312
74. वही, पृ. 31

## अध्याय-3

# हँसना बंद करती किताब

क. बालक के लिए पिता
ख. दलित स्त्री का सच
ग. दलित विधवा का पुनर्विवाह
घ. रखैल के बेटे की मानसिकता

## क. बालक के लिए पिता

पितृसत्ता को एक बुराई के रूप में देखना सही नहीं है। आजकल कई औरतें इसे बुराई के रूप में देख कर बिलकुल गलती कर रही हैं। सभ्यता और संस्कृति से जुड़ कर पितृसत्ता सामाजिक विकास में एक हथियार के रूप में काम आई है। यह एक जबरदस्त, बल्कि कहना चाहिए, आज तक का सबसे जबरदस्त हथियार रही है। जब दो समाजों में टकराव होता है, पितृसत्ता की भूमिका का महत्व अपने आप सामने आ जाता है। राजसत्ताओं का साम्राज्यों में केन्दीयकरण मातृसत्ता के बलबूते संभव नहीं था। इसलिए, एक फैशन के रूप में पितृसत्ता के खिलाफ आग उगलना, किसी भी दृष्टि से उचित नहीं है। व्यक्ति की गरिमा और मानवीय विकास के लिए पितृसत्ता और मातृसत्ता को मिल कर काम करना है। आज की कई स्त्री लेखिकाओं में एक सोच उभर रही है कि उन्हें पति की जरूरत नहीं है। लेकिन वे अपनी घोषणा करने में यह भूल जाती हैं कि उन्हें पति की जरूरत न हो, पर उनकी संतान को पिता की जरूरत होती है। वे संतान से उसके पिता को क्यों छीनती हैं? यदि किसी को बालक के लिए पिता के महत्व को जानना है तो वह डॉ. श्यौराज सिंह बेचैन की इस आत्मकथा को जरूर पढ़े। इस बहस को यह किताब पूरी करती है। पिता

भावनात्मक रिश्ता और आर्थिक मदद ले कर अपने बच्चे के साथ रहता है। डॉ. बेचैन ने पिता के अभाव के बारे में लिखा है—"अब हमारी तबाही और अभावों का क्रम तेज हुआ। तब जाना कि पिता क्या होता है। उसकी कमी बच्चों के जीवन में कितनी बड़ी त्रासदी होती है।"[1]

लेखक ने अपने पिता को 'चाचा' कहा है। उन्होंने पिता के महत्व पर लिखा है—"चाचा के गुजरने के बाद अपने इस घर में हमारा पालनहार नहीं था। हम बालश्रम के लिए तत्पर थे, पर गाँव में काम भी नहीं मिलता था। अशिक्षित माँ, भूमिहीन घर, नाबालिग बच्चे, आय का कोई स्रोत नहीं। घरवाला गया तो घर ही उजड़ गया। अब गाँव में क्या बचा था?"[2] सच बात है, घर में कमाने वाले का एक अर्थ होता है। उससे घर की इज्जत बचती है। बेचैन ने लिखा है—"ताई और माँ घर का काम संभालती थीं। वे घास खोदने, सिला बीनने और निराई-कटाई के काम भी करती थीं। मेरे पिता की मौत से पहले ताई या माँ, बाहर दूसरों के खेत-क्यार की मजूरी करने नहीं जाती थीं।"[3] इस बच्चे को हर मौके पर अपने पिता की याद सता जाती है। एक बार खाना अच्छा मिल गया तो उसने उसके बारे में यूँ लिखा है—"मेरे लिए मिष्ठान्न और अच्छा खाना दुर्लभ था। शायद पिता की मृत्यु के बाद पहली बार बिना काम किए ऐसी चीजें खाने को मिल रही थीं।"[4]

बच्चा अपने मरणहारे पिता की बाट जोह रहा है कि वे आएँगे। बच्चा क्या जाने कि मौत क्या होती है? वह दार्शनिक नहीं है, उसने जन्म और मृत्य का हिसाब-किताब नहीं लगा रखा है। माँ उस के लिए दार्शनिक बनती है जो खुद उसके लिए भी बड़ी दुखदायी प्रक्रिया है। बेचैन ने लिखा है—"अंधेरा होते-होते ढूंढ़ती-ढूंढ़ती अम्मा आ जाती, "तू आज फिर बाप की बाट जोह रओ है। मैं कितनी बेर कह चुकी हूँ बेटा, तेरो बाप मरि चुको, वो अब कबऊ नांय अबैगो, मरि कें कोई नांय लौटतु। मौत राम और किशन जैसे भगवानन तक कूं खाइ गयी। अब तू आज से बेटा अपने पेट की आग खुद बुझावन की तरकीब सोच, जहाँ जो काम मिलै करि, रूखी-सूखी जहाँ मिलै तहाँ खा, फटो-पुरानों जैसो जो लत्ता-गूदड़ा मिले सो पहन, पर काउ तें कबऊ कछु मांगै मत। याद रखिए तोइ बिना मतलब के कोई कछु नांय देगो।" अम्मा हिदायतें देती और मैं सुना-अनसुना कर देता। हार कर अम्मा मेरे गाल पर एक चांटा मारती और हाथ पकड़कर खींचती-रोती घर ले जाती। वह रोने में गीत जैसा गाती और सारी व्यथा कह जाती—"का तूनें चिता कूं आगि नांय दई?""[5]

भूख और गरीबी को सहने के साथ-साथ बालक श्यौराज के मन में पढ़ाई की ललक अतिरिक्त मार बन गई थी। लेखक ने अपनीं इस जिज्ञासा के बारे में भी पिता को याद करते हुए लिखा है—"मैं जानता था कि एक भूमिहीन अछूत की लावारिस

औलाद को कौन पढ़ा सकता है, अवकाश कहाँ मिलेगा? आर्थिक दृष्टि से तो मुझे खुद अपनी मदद करनी होगी।"[6] फिर, बात पिता की नहीं, बल्कि सगे पिता होने की है। लेखक की माँ ने दूसरी शादी कर ली। उन्हें दूसरा पति मिल गया, लेकिन बालक को सगा पिता नहीं मिला। जो माँ का दूसरा पति है, वह इस बच्चे की पढ़ाई से जलता है, क्योंकि उसका अपना सगा बेटा पढ़ाने पर भी पढ़ता नहीं है। इधर, इस बालक श्यौराज को स्कूल से बाहर हुए कई महीने बीत गए थे, लेकिन स्कूल का आकर्षण बना हुआ था। एक दिन इनके स्कूल के बच्चे छोटे-छोटे झंडे ले कर रास्ते से गुजर रहे थे। उनमें से एक ने इशारा करके इन्हें भी कतार में शामिल कर लिया और अपनी जेब से निकाल कर एक झंडा भी थमा दिया। मलिन वस्त्र होने के कारण बालक श्यौराज को तुरंत पहचान लिया गया। यह वर्णन खुद लेखक की कलम से पढ़ने लायक है, जो इस प्रकार है :

> "उस वक्त मैं जोर-जोर से नारे लगा रहा था—"विजयी विश्व तिरंगा प्यारा, झंडा ऊँचा रहे हमारा।" मास्टर जी ने डंडी दिखा कर मुझे पंक्ति से बाहर कर दिया और भिकारी दादा ने लपककर पकड़ लिया। गुस्ताखी करने की सजा मिलना तय थी। लात-घूंसे, थप्पड़, गालियाँ और चमड़े के बने नाड़े से मेरी पीठ पर मार पड़ी। मेरी चीख निकल गयी। "जब स्कूल जाना बंद है, तो स्कूल के पढ़इन से तेरो रिस्ता का है?" इन सवालों के साथ कान ऐंठते हुए मुझे अम्मा के सामने पेश कर दिया गया। अपराध बताया गया कि यह पढ़ाई का मोह नहीं छोड़ रहा है। अम्मा ने मुझे डांटा—"फेंक दे झंडा और कान पकरि कें कसम खा अब पढिवे वारिनु के संग नाइ जाइगो। इनकी सोहवति छोड़ि देगो।" इस प्रकार कुछ देर मुझे डांटकर बिठा दिया गया। मौका मिलते ही मैं निकल भागा। भिकारी ने मुझे ढूंढ़ लिया। इस बार छूटकर भागा तो फिर पूरे दिन घर नहीं आया। रात को भीमसेन की माँ ने कुठरिया में छिपा दिया। दिन की बची हुई मटरा की आधी-एक रोटी भी खिला दी। मैं डरता-रोता वहीं सो गया। खोज खबर लेती देर रात अम्मा वहाँ आ गयी। उसने मेरा सिर पकड़ कर उठाया। आंसुओं से भीगकर रूमाल-सा हो गया झण्डा अलग रखा और कहने लगी—"जो तू पढ़नो चाहत है तो पहले अपने मर गये बाप को वापस बुला। बाप नांय लावत तो पहले अपने खान कूं रोटी पहन्न कूं लत्ता और फीस किताबन कूं पैसा ला। तब तू स्कूल जइये और तू झण्डा गीत गाइये।"
>
> "का तू जानत नांय है कै तू भिकरिया को सगो बेटा नांय है।

जो तोय चों पढ़ावेगो? तू पढ़िवे की जिद्द नांय छोड़ेगो तो जे तेरे संग-संग हम सब को मारि-मारि के घर तें बाहर निकार देगो।''''[7]

## ख. दलित स्त्री का सच

गाँवों में जमीदारों की हवेलियों बनती हैं और शहरों में रईसों की कोठियाँ तैयार होती हैं। इनमें सबसे जरूरी चीज ईंट होती है। पर, क्या किसी जमीदार या रईस को पता होता है कि ईंटें कैसे तैयार होती हैं? वे केवल ईंटें खरीदते हैं लेकिन ईंटों के बनने में आर्थिक आधार के अलावा सामाजिक पक्ष भी होता है—यह सामाजिक पक्ष दलितों से जुड़ा होता है—उनमें भी सबसे ज्यादा उनकी स्त्रियों से जुड़ा होता है। श्यौराज सिंह बेचैन इस प्रक्रिया से गुजरे हैं—एक बार वे और उनकी बहन पंचायती दबाव के कारण बिकते-बिकते बच गए थे। कहना यह है कि दूसरे नहीं बचे—और जो नहीं बचे, वे कौन लोग होते हैं? उन्होंने लिखा है—''भट्ठों पर ईंटें पाथने वाले सबके सब भूमिहीन और सर्वहारा जाटव हैं। उनके बच्चों के लिए स्कूल नहीं, अस्पताल-दवा नहीं, यहाँ तक कि बहुतों की शादियाँ तक नहीं हो पाती हैं। पथेरों के एक समूह की लड़की दूसरे समूह के लड़के के साथ भाग न जाए तो क्या करे? ठेकेदारों द्वारा बलात्कार करने की घटनाएँ भी होती रहती हैं। कई पथेरे जो भट्ठों पर से लड़कियाँ लाए, बड़े अच्छे स्वभाव की थीं। वे लड़कियाँ भागी हुई बदनाम थीं। पर मुझे डोली-मौनी से ब्याह कर लाई बुरे स्वभाव की दुल्हनों की अपेक्षा भागकर आईं ये लड़कियाँ ज्यादा अच्छी लगीं।''[8] अंतर साफ है, जो श्यौराज सिंह ने दर्ज किया है—''मैंने आज तक किसी भट्ठे पर किसी ब्राह्मण-बनिये को ईंटें पाथते नहीं देखा। गाँव-शहरों की सफाई का काम वे भंगी समाज से अपने हाथों में लें, इसकी तो कल्पना भी नहीं की जा सकती। कोई भंगी-चमार किसी मठ-मंदिर का पुजारी नहीं देखा। अछूतों को मुक्त कर सम्मानित पेशों में आने के वे कितने खिलाफ हैं, हमारे प्रति उनकी भाषा और व्यवहार देखने पर सहज ही मालूम हो जाता है।''[9]

भट्ठों के अलावा खेतों में क्या होता है? दलित स्त्रियों की वहाँ भी वैसी ही बुरी हालत है। श्यौराज ने किसी और का तजुर्बा नहीं, बल्कि खुद अपना लिखा है—''बहन माया और अम्मा भी हर फसल पर काम पर जाती थीं। चमारियों का झुंड का झुंड उन दिनों जाटों और बामनों के खेतों पर काम करने जाता था, क्योंकि गाँव की ये सवर्ण जातियाँ ही भूमि आदि उत्पादन के साधनों से संपन्न थीं और दलित पूर्णतया भूमिहीन थे। निचले दर्जे के काम, बेगार, गुलामी आदि करने के अलावा

इनके पास जीविका चलाने का कोई दूसरा चारा नहीं था।"[10] एक वाकया सरदार निर्मल सिंह को ले कर आया है। इस वाकये से पता चलता है कि खेतों में मजदूरी करते वक्त दलित स्त्रियों पर क्या-क्या बीतती है। श्यौराज सिंह ने लिखा है—"हमारी माँएँ-बहनें मजदूरी करते हुए भी अतिरिक्त सावधान रहती थीं। अपना शील उन्हें प्राणों से भी बढ़कर था, पर सरदार जवान लड़कियाँ देखकर चटकारे लेता था—"वेख ए दे मम्मे वेख, एनू उठाकर गन्ने बिच (ईख में) ले चलें क्या?" हमें बुरा लगता था...क्योंकि ये सब मजदूर लड़कियाँ हम मजदूरों के परिवारों की ही होती थीं। कई बार तो उसने रामा की बेटी पर भी बुरी नजर डाली जो उसकी बीसियों साल से सेवा करते आ रहे थे। हम झुग्गियों में जाकर ये सब हरकतें अपनी माँओं को बता दिया करते थे। वे सब झुंड बनाकर मिस्कुट करतीं—"ये अगर इज्जत पै हाथ डारें तो हम सब रात कूं इकट्ठी हो कैं गड़सा-हंसिया तें एक-एक के नन्हे-नन्हे, टुकड़ा करि चलंगीं। जेल होइ या उमर कैद।" "[11]

जहाँ तक दलित स्त्री का आंतरिक सवाल है तो वे अच्छी और बुरी दोनों तरह की होती हैं। दलित स्त्री अपने पति को कभी धोखा दे जाती है। श्यौराज के ताऊ अंधे हो गए थे तो ताई की बात यह फैली—"मैं अंधे अपाहिज के नांई रहूँगी।"[12] वह अपने पीहर चली गई और वहाँ उसके भाइयों ने उसका दूसरा विवाह करने की योजना बनाई। ताऊ को पता चला तो वे ससुराल गए। पंचायत हुई। पंचायत में दीवार से सट कर ताई ने दो टूक शब्दों में अपना फैसला सुना दिया—"भइया, कैदेउ जो अपने घर जाइ। मेरी लाश हूँ वाँ नांइ जाएगी।"[13] पंचों ने कहा—"बाबूराम सुना, जावित्री क्या कह रही है?"[14] श्यौराज के नाना ने भी उसके निर्णय में अपना फैसला जोड़ते हुए कहा—"लल्ला, अब हम कुछ नहीं कर सकते।" तब श्यौराज के ताऊ बाबूराम लाठी का एक छोर पकड़ कर श्यौराज से बोले—"लल्ला सौराज चली भैया, स्टेशन कूं चल।"[15] श्यौराज सिंह ने उनके बारे में लिखा है—"उन्हें स्त्रियों की कृतघ्नता से संबद्ध अनेकों कहावतें, कहानियाँ याद आ रही थीं। हृदय पर लगे आघात को सहन करने का उनके पास और कोई विकल्प नहीं था, सिवाय इसके कि वे समूची स्त्री जाति को ही गद्दार मान कर संतोष करें।"[16]

इस घटना से यह पता चलता है कि दलित जातियों में स्त्रियों के फैसलों के सामने पंचायत झुक जाती है। पंचायत यह नहीं कह सकी कि जावित्री को बाबूराम के साथ जाना चाहिए। अंधे हो गए पति को पत्नी की ज्यादा मदद की जरूरत थी। श्यौराज के नाना भी हर मामले में स्त्री का पक्ष लिया करते थे। श्यौराज ने उनके बारे में लिखा है—"वे लड़की की झूठी शिकायतें भी मान लेते थे, जबकि लड़के का सच्चा पक्ष भी नहीं सुनते थे। पंचायत में बैठते तो यह पहले ही मान लिया जाता था कि सजा लड़के को ही मिलेगी। मिलती भी क्यों नहीं? लड़की का बाप तो उनके

लिए गोश्त और स्प्रिट का प्रबंध करता। गोश्त और स्प्रिट उनके निर्णय को प्रभावित करते थे। पर लड़की का पक्ष ही वह प्रायः लेते थे। लड़के से मटन स्प्रिट लेकर भी उसका साथ नहीं दे पाते थे। हाँ, रुख थोड़ा नर्म जरूर कर लेते थे। ऐसे ही अपनी तरह के नारीवादी थे नाना।"[17]

नारीवादी होने में गैर-दलितों में से उनका कौन मुकाबला कर जाएगा?

## ग. दलित विधवा का पुनर्विवाह

डॉ. श्यौराज सिंह बेचैन ने एक सीधी-सच्ची बात की गवाही दे डाली है जब अपनी इस पुस्तक में लिखा है कि 'हमारी जात में विधवा और विधुर का विवाह सर्वमान्य था।'[18] उन्होंने लिखा है–"पुनर्विवाह करना, विधवा विवाह करना या स्त्री-पुरुष को परस्पर सहमति से छोड़ना-जोड़ना हमारे यहाँ सामान्य प्रक्रिया थी। ब्राह्मणों जैसी जटिलता हमारे यहाँ आज भी नहीं है, जिसमें विधवा स्त्री जिन्दगी-भर दूसरों पर बोझ बनी बैठी रहती है। अपनी माँ और बहन के वैधव्य के उदाहरण मेरी स्मृति में जिन्दा हैं। कम से कम मेरे सामाजिक परिवेश में विधवा विवाह का विरोध और सतीप्रथा दलित स्त्रियों की समस्याएँ कभी नहीं रही हैं।"[19] हुआ भी यही था। जब श्यौराज की माँ विधवा हुईं तो उनका पुनर्विवाह कर दिया गया। जाहिर है, यह पुनर्विवाह पीहर वाले ही करते हैं। कारण यह है कि दलित स्त्री विवाह के दिन अपने माता-पिता और भाई-बहनों के लिए द्विज समाज की स्त्रियों की तरह मर नहीं जाती। बेचैन ने लिखा है–"नाना की नजर में हमारे जीवन-निर्वाह का एक विकल्प था। वह यह कि कोई जरूरतमंद विधुर खोजकर, जो चार बच्चों की माँ को कबूल कर ले, ठिकाने बैठा दिया जाए।"[20] नाना ने यह कार्य कर भी दिया– "अंततः नाना ने 'नौरा-बौरा' नामक गाँव के रामलाल चमार को हमारा दूसरा बाप बना दिया। रामलाल एकदम गरीब आदमी था। (वह)...मरे हुए पशुओं के सींग-बीनने का काम करता था। सींग और हड्डियाँ इकट्ठी कर उन्हें वह संभल ले जाकर बेचता था। संभल में सींगों की कंघियाँ आदि चीजें बनती थीं। नौरा-बौरा भेजने में नाना ने मेरे बाबाओं की कोई राय नहीं ली थी। उनकी राय के कोई मायने भी नहीं थे उनके लिए, क्योंकि अक्षम, निर्धन और ठेठ देहाती भोले-भाले आदमी अपने पोते-पोतियों का पालन-पोषण करना तो दूर, स्वयं अपना भी पेट ठीक से नहीं भर सकते थे।"[21]

आगे श्यौराज की माँ में और रामलाल में बच्चों को ले कर झगड़े हुए। इन झगड़ों के बारे में बेचैन ने लिखा है–"रामलाल का धंधा खास नहीं था। वह एक

स्त्री को तो रोटी जुटा सकता था, किंतु तीन बच्चे पालना उसके वश की बात नहीं थी और दूसरे आदमी के बच्चे पालने में उसे रुचि भी नहीं थी। वह चाहता था कि एक-दो बच्चे नानी-नाना के पास या अपने बाबा के गाँव रहें। माँ इसके लिए तैयार नहीं थी।''[22] आखिर, इनकी माँ की तीसरी शादी पाली गाँव के भिकारी लाल के साथ कर दी गई। वहाँ रामलाल अपना हक जताने के लिए पुलिस ले कर आ गया। गाँव में पंचायत हुई। उस पंचायत के बारे में बेचैन ने लिखा है–''अम्मा अपराधी की मुद्रा में, पर्दा किए और सिर झुकाए बैठी थी। उससे ऊल-जलूल सवाल किए जा रहे थे। कुछ के सवाल और व्यंग्य-बाण अम्मा के मानस पर बराबर बरस रहे थे। 'विधवा क्या हुई, दो-दो खसमों के संग रहने के मजे ले रही है, चमरिया जो ठहरी।' अम्मा के पास न तो कोई जवाब था और न कोई जवाब सुनने वाला था। पुलिस को घूस देना और निर्णय गाँव के पक्ष में दिया जाना, पहले से ही तय था। गरीब रामलाल अपनी जेब खाली कर हताश ठगा-सा बैठा था। हमारा भविष्य अपनी अम्मा से बंधा था। पंच गाय-भैंस की तरह जिसके हवाले करते, हम माँ के पीछे-पीछे चले जाने को मजबूर थे।''[23]

इनकी माँ ने रामलाल के साथ जाने से इन्कार कर दिया। प्रधान ने इनकी माँ के हक में फैसला कर दिया। रामलाल ने माँग रखी कि उसने सौ रुपए पुलिस को दिए हैं। प्रधान ने उसे भिकारी लाल से पचास रुपए दिलवा दिए।[24]

भिकारी लाल के घर इन बच्चों की और इनकी माँ की कैसी बीती? वहाँ भी बुरी बीती। श्यौराज ने इस नए घर और नए बाप के बारे में लिखा है–''अब हमें भिकारीलाल को 'दादा' या अपना बाप कहने और महसूस करने का अभ्यास कराया जाने लगा। इस गाँव में पिता को दादा कहने का प्रचलन है। सो हम भी उसे दादा कहने लगे। सहज नहीं, परिस्थितिवश, क्योंकि हम यह जानते थे कि पिता बदले नहीं जाते। कालान्तर में भिकारी ने यह साबित कर दिया था कि पिता का कोई विकल्प नहीं होता। किसी भी बच्चे का जीवन पिताहीन हो जाना एक ऐसी रिक्ति है जो फिर कभी भर नहीं पाती। पर हमारे सामने था हमारे नए पिता का नया हुलिया, जिसे हमें भीतर तक स्वीकार करना था। न करने के लिए हमारे पास कोई विकल्प नहीं था और स्वीकार करने में मेरे बाल मन को मानसिक द्वंद्व से गुजरना पड़ा था। उस अनुभव को शब्द-बद्ध कर पाना संभव नहीं, क्योंकि भिकारी ने हमें सगे-जैसा कभी नहीं समझा, बल्कि हमेशा हमारा अहित-चिंतन ही किया। वह मरते दम तक हमारे अकल्याण की कामना करते रहे।''[25] भिकारी के व्यवहार के बारे में लिखा गया है कि वह दुर्व्यवहार था–''भिकारी दो-तीन दिन शांत रहते और फिर वह वहशियाना हरकतें करना शुरू कर देते। वह बेड़-बखेड़ा पैदा किए बगैर एक दिन भी खाना नहीं खाने देते। ''मैं अपनी कमाई काऊ दूसरे की औलाद कू काहे कूं खवाऊँ। गे ससुरो

मेरे कौन हैं।" वे घर के बाहर बैठे देसी चाप की जूतियाँ बनाते रहते और गालियाँ देते रहते। दर्जनों बार उन्होंने चूल्हे पर से पकी हुई दाल सब्जी नाली में फेंकी होगी। पचासों बार गूंथा हुआ आटा अम्मा के हाथ से छीनकर फेंका होगा। वे देखते कि खाना खाने वाले बच्चों में उसके दो सगे और तीन सौतेले हैं तो वे जल-भुन जाते।"[26] ऐसे समय इनकी माँ एक तरकीब चलाती थीं। वह तरकीब इस प्रकार थी और कामयाब हो जाती थी–"हमारे घर में दो-तीन दिन से रोटी नहीं बनी है...यह चर्चा अम्मा मौहल्ले की औरतों में फैला देती। लोगों का दबाव पड़ता तो भिकारी अनाज पिसवा लाते। कई बार कर्ज लाते। उनकी आय का कोई खास स्रोत नहीं था। कई दिन बाद सब्जी रोटी मिलती तो स्वाद और बढ़ जाता।"[27] इसके सिवा इन की माँ के पास दूसरा विकल्प नहीं था। स्थिति दारुण थी–"अम्मा उन दिनों मानसिक रूप से बेहद परेशान थी। उसे हमारी चिंता थी। हमारा उजड़ता हुआ भविष्य उसे साफ दिखाई दे रहा था। जिस भिकारी को उसने सहारा देने के लिए चुना था, वही उसके बच्चों का भविष्य चौपट करना चाहता था। उसे बस एक स्त्री की जरूरत थी, बच्चों की नहीं। पर बच्चे माँ से जुड़े थे। इस कारण हमारा दुख माँ का दुख था। जब भिकारी अपनी कमाई रोटी खिलाने से मना करता तो उसका विकल्प अम्मा के पास नहीं था।"[28]

बात रोटी तक सीमित नहीं है। अगला प्रश्न बच्चों की पढ़ाई का है। भिकारी लाल का अपनी पहली पत्नी से एक बच्चा रूप सिंह है। वह पढ़ाने से भी पढ़ता नहीं है। श्यौराज भिकारी लाल के लिए दूसरे पुरुष का बेटा है। वह खूब पढ़ता है। भिकारी लाल इस स्थिति को संभाल नहीं सका और श्यौराज की पढ़ाई के खिलाफ हो गया। रूप सिंह भी पढ़ैया छात्र होता तो श्यौराज की दिक्कतें कम होने की पूरी उम्मीदें थीं। अब सारी बातें उलटी हैं। आत्मकथाकार ने लिखा है–"स्कूली शिक्षा के उन आरंभिक दिनों के बाद मैं दो-चार महीने में केवल एक रात को अम्मा से मिलने पाली जाता। उस समय भी भिकारी मुझे पढ़ने नहीं देता था। वह मुझे घास खोदने भेज देता। यदि मैं एक-दो दिन रुकता तो वह मृत पशु उठवाता या साइकिल देकर मुर्दा लवारे खोजने भेज देता था... चाहे बाकी सदस्य खाली बैठे रहते। कारण, उसे मेरा पढ़ना-लिखना अखरता था। खासकर स्कूल में दाखिला लेकर पढ़ना बर्दाश्त नहीं था। मैं डिब्बी जला कर पढ़ने बैठता तो वह लाजिमी तौर पर डिब्बी उठा लेता था। वह इस बात से बहुत परेशान था कि उनका सगा बेटा रूपसिंह एक अक्षर नहीं पढ़ना चाहता और श्यौराज रुकना नहीं चाहता।"[29] भिकारी लाल की ज्यादतियाँ यहाँ तक थीं कि वह इनकी पिटाई भी करता था। वे लिखते हैं–"पिटते रहने के कारण मेरे मन में इस कथित पिता के प्रति दूर के किसी अजनबी के बराबर भी आदर नहीं रह गया था। जैसे ही भिकारी देखता कि मैं अब खाली होने वाला हूँ, तभी वह दूसरा

काम गिना देता। जैसे ही सुनता कि सौराज किसी कोने में बैठा कुछ पढ़ रहा है तो वह परेशान हो उठता। उसे मेरी पढ़ाई की दिशा की मामूली कोशिश भी नाकाबिले बर्दाश्त होती थी। वह विघ्न जरूर डालता कहता—"बैठ गयौ, सासु के डिब्बी पजारि कें। का पढ़ि रयौ है? अब स्कूल छूटि गयो तौऊ पढ़िवो नांइ छूटो तेरौ। डिब्बी के तेल के पैसा का तेरो मरौ भयौ बाप हमें दे गयौ है? भैंसे कौ गोबर नाइ डारि आवैगो।"[30] उन्होंने लिखा है—"एक-दो दिन के लिए मैं पाली जाता और रात को डिब्बी जलाकर पढ़ता तो भिकारी कोई न कोई बहाना लेकर विवाद खड़ा कर देता। तब अम्मा कहती—"तू यहाँ मत आये कर और जो कबऊ आये करे तौ पढ़े मत करि। कहूँ बाहर पढ़ि आये कर, तेरे हाथ में किताब देख के घर में कलह पैदा है जाति है। जाइ भिकारिया बन्दे कूं और सब बर्दाश्त है, पर तेरे हाथ में किताब बर्दाश्त नांय है।"[31]

यह बात इस पुस्तक में बार-बार आई है कि भिकारी लाल का व्यवहार इन माँ-बच्चों के साथ बहुत बुरा था। इसमें दो राय नहीं कि वह व्यवहार बुरा था, लेकिन सवाल यह है कि इसमें व्यवस्था का क्या दोष है। जहाँ तक भिकारी लाल की बात को समझा जाए तो उसमें तीन बातें हैं :

पहली, वह खुद एक बेहद गरीब आदमी था।

दूसरी, उसे तीन बच्चे किसी दूसरे पुरुष के अतिरिक्त पालने पड़ रहे थे।

तीसरी, उसका अपना सगा बेटा पढ़ नहीं रहा था और दूसरे पुरुष के बच्चे को पढ़ाना पड़ रहा था।

ऐसी स्थितियों के रहते लोग भिकारी लाल को दोष देना चाहे तो दे सकते हैं। इस दोष में शर्त एक है कि केवल दलित समाज के लोग दोष दे सकते हैं। कारण यह है कि दलित समाज में लोग ऐसे दूसरे पुरुष के बच्चों को प्यार से खाना खिलाते हैं, उन्हें शौक से पढ़ाते-लिखाते हैं और सम्पत्ति में हिस्सा देते हैं। मैंने दलित समाज में ऐसे घर देखे हैं जहाँ सौतेले पिता ने बच्चों को अपने करके पाला और उन्होंने उन्हें हिस्से में बराबर की सम्पत्ति दी। मेरा कहना केवल यह है कि द्विज समाज का कोई व्यक्ति भिकारी लाल के व्यवहार पर एक अंगुली नहीं उठा सकता। उनका कोई अधिकार नहीं बनता है क्योंकि वे इस मामले में भिकारी लाल के मुकाबले में पासंग भी नहीं ठहरते। इस बहस में उनकी कोई गिनती नहीं है।

इसे यूँ समझा जाए कि द्विज समाज में विधवा विवाह का प्रचलन नहीं है। इसका मतलब है कि विधवा के किसी बच्चे को कोई दूसरा पुरुष कभी एक रोटी नहीं देगा। दलित समाज के बुरे से बुरे व्यक्ति भिकारी लाल ने दूसरे पुरुष के बच्चों को रोटियाँ खिलाई हैं, लेकिन द्विज समाज के किसी भले से भले व्यक्ति ने भी दूसरे पुरुष के बच्चों को कभी एक वक्त का खाना नहीं दिया। भिकारी लाल ने श्यौराज

की पढ़ाई में भारी विघ्न डाले हैं लेकिन द्विज समाज के व्यक्तियों ने सारे विघ्न डाल रखे हैं क्योंकि वे दूसरे पुरुषों के बच्चों को विधवा से पुनर्विवाह करके कभी नहीं पढ़ाते। उन्होंने अपनी व्यवस्था में ऐसे खिलाने और पढ़ाने को जड़ से समाप्त कर रखा है। भिकारी लाल के दुर्व्यहार के उदाहरण हमारे सामने हैं, लेकिन द्विज समाज की व्यवस्था इतनी क्रूर है कि उस में से ऐसा एक भी उदाहरण नहीं दिया जा सकता जो अच्छा हो क्योंकि वहाँ संभावना ही नहीं है। इसलिए, द्विज समाज के लोग भिकारी लाल के बारे में उसी सूरत में बोलें जब उनके विधुर किसी विधवा से पुनर्विवाह करें, उस विधवा के बच्चों को अच्छा खिलाएँ-पिलाएँ और उन्हें देश-विदेश की अच्छी शिक्षा दिलाएँ।

यह अच्छा है कि डॉ. श्यौराज सिंह बेचैन ने इतनी बातों के बाद भी भिकारी लाल का शुक्रिया अदा किया है। एक बार इनका परिवार भूख में ढड़ायन रांध कर खा गया था। ढड़ायन जहरीली होती है। मुश्किल से इस परिवार की जान बची थी। उस समय के बारे में उन्होंने लिखा है–"कैसा संयोग था कि शाम ढले सौतेले पिता भिकारीलाल अप्रत्याशित ढंग से गाँव आ पहुँचे, जबकि वे पिछले सात-आठ महीनों से न तो अम्मा को लेने आए थे और न अपने नवजात बेटे तेजसिंह की कोई फिक्र की थी। उस दिन वे अम्मा को अपने साथ ले जाने के लिए आए थे। परंतु, उन्होंने घर में आते ही देखा कि हम सब बेहद बुरे हाल में हैं तो हकबका कर रह गये। और फिर हमारा हाल देख तुरंत गाँव में बनियों की दुकानों की ओर चले गये। सेर-दो-सेर मक्का का आटा और मसूर की दाल लेकर लौट आये। उस रात रोटी का जो स्वाद था, वह भूला नहीं जा सकता। अमृत यदि कहीं रहा होगा तो वह उस दाल के पानी जैसा रहा होगा।"[32]

एक तरह से डॉ. बेचैन ने अपनी दलित ईमानदारी का प्रण निभा दिया है जब भिकारी लाल के बारे में यह भी लिखा है–"मुझे उसमें अनेक खामियों के बावजूद वह वक्त याद था जब पिता की असमय मौत के बाद इसी शख्स के घर हमने कम सही, पर बुरा वक्त गुजारा तो था।"[33]

विधवा के पुनर्विवाह को ले कर व्यवस्था की बात उठाई जा सकती है। ब्राह्मणों के कानून में विधवा के पुनर्विवाह की अनुमति नहीं रही और दलितों के कानून में इसकी अनुमति रही है। इन दो व्यवस्थाओं की तुलना में कौन बेहतर है? एक ब्राह्मणी ताउम्र विधवा रह जाती है, जबकि दलित की बेटी सधवा हो जाती है।

पुनर्विवाह के बाद भी परेशानियाँ आ सकती हैं, लेकिन पुनर्विवाह न करना तो अपने आप में सबसे बड़ी परेशानी है। बात विधवा के पूर्व-पति से पैदा बच्चों की आती है, पर एक मुश्किल सच्चाई है कि नया पति पत्नी के पहले चार बच्चों

को पालेगा। ऐसी स्थिति में जो मानसिकताएँ बनती हैं, वे सब समझने लायक हैं। वर्तमान 'आत्मकथा' में लेखक इसी रूप में अपनी माँ के नए पति के साथ रह रहे हैं कि वे पीछे के चार बच्चे हैं। दलित जातियों में से ऐसे मामले बताए जा सकते हैं जिनमें विधवा ने पुनर्विवाह में पूरे गेम खेले हैं। श्यौराज सिंह की माँ अपने बच्चों को बचाती फिर रही हैं, लेकिन दूसरी दलित नारियाँ हैं, जो ऐसी स्थिति में अपने बच्चों को मार रही हैं। कहो तो मरें हुए बच्चों के नाम बताऊँ? बताऊँ, कि दलितों की कई विधवाएँ पुनर्विवाह के बाद कितने गदर काटती हैं?

## घ. रखैल के बेटे की मानसिकता

जब कोई चमार जाति का व्यक्ति अपनी आत्मकथा लिखता है तो उसे एक बात बतानी ही पड़ती है कि जारकर्म, और अवैध संबंध, और अवैध संतान क्या होती है। यदि वह ऐसा नहीं बताता है तो समझ लो कि वह पूरी बात नहीं बता रहा है। यह हो नहीं सकता कि उसे अपने परिवार, गाँव या शहर के बारे में इस बात को ले कर कुछ पता न हो। यदि उसे पता नहीं है तो इसका मतलब है कि वह आत्मकथा लिखने के सर्वथा अनुपयुक्त व्यक्ति है। हो सकता है, कोई कुटुम्ब इस मामले में पाक-साक हो, पर तब उसके बारे में यही कहा जाएगा कि उस कुटुम्ब ने अपनी आधी गुलामी से पार पा लिया है। सच यह है कि दलित पुरुष दोहरा गुलाम होता है। जब वह जमीदार का गुलाम है तो इसका मतलब यह नहीं है कि वह मात्र आर्थिक रूप से गुलाम है, बल्कि इसका मतलब यह भी होता है कि वह पारिवारिक रूप से भी गुलाम है। कारण यह है कि उसकी पत्नी को जमीदार रखता है। इसलिए, चमार बाहर जमीदार का गुलाम होता है, और घर में जमीदार की रखैल के रूप में अपनी पत्नी का गुलाम होता है। यह गुलामी की दोहरी मार होती है। यह मार तिहरी और चोहरी हो जाती है जब उसकी पत्नी के पेट से जमीदार के बच्चे पैदा होते हैं।

डॉ. श्यौराज सिंह बेचैन ने अच्छा किया कि चमारों की इस विशेष समस्या को अपनी आत्मकथा में स्थान दिया है। असल में, यह बात इस आत्मकथा को पूरी बनाती है। इसी वजह से यह 'लीनियर' आत्मकथा नहीं है बल्कि गुंजलके मारती हुई 'सर्कुलर' आत्मकथा है। उन्होंने अपनी ही रिश्तेदारी का चित्रण किया है, जब लिखा है–''मेरी बहन के विवाह के लिए जो लड़का ढूंढ़ा गया था, वह बहन से दस-पंद्रह साल बड़ा था। (वह)...तीन कारणों से अब तक अविवाहित रह गया था। प्रथम तो उसके पिता की टांग टूट जाने के बाद गाँव के एक चौधरी रामसहाय जाट ने उसकी माँ फूलवती को अपने घर में ले लिया था। दुनियादार वह रिश्ता जान चुके

थे। यह अवैध संबंध खुले रूप में भी चल रहा था और लड़के के पिता मटरूलाल ने भी अपनी शारीरिक विकलांगता और विवशता के कारण यह सब स्वीकार कर लिया था। हाँ, अंदर-अंदर वह पीड़ित थे। गाँव ब्राह्मणों और जाटों का था। जाट को समर्थन देकर सबने चमार का घर बर्बाद करा दिया था। इस कारण उनके बेटे की शादी नहीं हो पा रही थी।"[34] बात अवैध संबंध की नहीं, बल्कि अवैध संतान की भी थी। डॉ. श्यौराज सिंह बेचैन ने आगे बात को पूरी स्पष्ट कर दिया है—"रामसहाय जाट ने जीजाजी के पिता के रहते उनकी माँ फूलवती को अपने घर में रख लिया था। उन्हीं के घर जिस बच्चे का जन्म हुआ था, उसका नाम 'हरिजन' रखा गया था। बाद में हरिभजन और अब भज्जन। किंतु सामाजिक दबाव और सवर्ण स्वभाव के कारण उन्होंने उन्हें छोड़ दिया था। वे रखैल को पत्नी का दर्जा नहीं दे सके थे। उसके बाद भज्जन की माँ फूलवती की असमय मृत्यु हो जाने के कारण यह दोस्ती या जार-कर्म का सिलसिला वहीं समाप्त हो गया था। पर खून में उतर जाने वाले रिश्ते क्या ऐसे समाप्त होते हैं?"[35]

आगे हुआ यह कि डॉ. श्यौराज के जीजा गंगावासी की मृत्यु हो गई। तब इनकी बहन ने जाट से पैदा हुए अपने देवर भज्जन से पुनर्विवाह कर लिया। डॉ. श्यौराज सिंह कोशिश करके इस नए रिश्ते को भी निभा रहे हैं, लेकिन जो असहज है, वह दूसरी तरफ से है। उस असामान्य के बारे में लेखक ने लिखा है—"मैं उन्हें दिल से आदर देने लगा। द्वंद्व पर काबू पाया। रिश्ते की मर्यादा पालन करने का अभ्यास किया, परंतु वे आज तक सामान्य नहीं रह पाते। न मेरे साथ और न पूरी बिरादरी के साथ। उनकी वेदना कौन जाने सिवाय किसी दूसरे अक्करमाशी के। पर भज्जन ने तो शरणकुमार लिंबाले की तरह अपने पिता का नाम पाने के लिए भी संघर्ष नहीं किया।"[36]

पहले ही बताया जा चुका है कि चमारों की यह एक बड़ी समस्या है। इसी वजह से इनके परिवार जुड़ नहीं पाते। इनके परिवारों में वैधता की शक्ति नहीं है जो गुलाम करने वाली जातियों से अपनी आजादी की लड़ाई लड़ सकें, क्योंकि पहले, इनकी पत्नी जमीदार की रखैल हो जाती है, दूसरे, इनकी संतान जमीदार की संतान होती है। चमार इस समस्या को अपनी तरह से संभालने की कोशिश करते हैं। उदाहरण दिया जा सकता है कि एक चमार की बेटी की शादी हो रही थी। खड़ा हो कर एक ब्राह्मण चुपके से दूसरे ब्राह्मण को कान में बता रहा था—"यह मेरी बेटी की शादी हो रही है।" आखिर, ये गुपचुप की बातें बाहर फूट ही निकलती हैं। ससुरालियों को पता चलता है कि ऐसा-ऐसा है। तब वर पक्ष के बाराती कहा करते हैं—"हम ब्राह्मण की लोंडिया को ब्याहने जा रहे हैं।" ऐसे ही इन में नस्लों की बदली या अन्तर्भुक्ति हुई है। इसी वजह

से, खोपड़ियों की समानता से, बाबा साहेब डॉ. अम्बेडकर इन्डोलोजी और भारत के इतिहास के बारे में यह निर्णय निकाल बैठे कि आर्य विदेशी नहीं हैं।

समस्या विकराल है और इस के कई पहलू हैं। वे राजनीतिक, प्रशासनिक और शैक्षिक हैं। बात जाति प्रमाणपत्र के बनाने से शुरू होती है। हिंदी के दैनिक पत्र 'हिंदुस्तान' ने 29 जनवरी, 2010 को एक खबर प्रकाशित की है, जो इस प्रकार है—"महाराष्ट्र में जाति प्रमाणपत्र की जांच के लिए अब डीएनए टेस्ट कराने का निर्णय लिया गया है। इसकी घोषणा राज्य के आदिवासी विकास मंत्री बबनराव पाँचपुते ने की है। हालांकि, डीएनए टेस्ट से जांच कराने के निर्णय पर अमल इस साल के मार्च महीने से होना है।"[37] इस संबंध में अंग्रेजी के दैनिक पत्र 'द हिन्दू' ने समाचार प्रकाशित किया है कि नेशनल कांग्रेस पार्टी के राज्य अध्यक्ष मधुकर पिचड ने इस डीएनए टेस्ट करवाने का विरोध किया है। उन्होंने इस बाबत महाराष्ट्र के मुख्यमंत्री, उपमुख्य मंत्री और मंत्री पाचपुते को पत्र लिखे हैं। पत्रों में उन्होंने लिखा है—"यदि ऐसा निर्णय लिया जाता है तो इससे सामाजिक उपद्रव पैदा हो जाएँगे।"[38] उपद्रव क्या हो जाएँगे?—उपद्रव पहले से हुए पड़े हैं। गाँव-गाँव और शहर-शहर में जाट, ब्राह्मण और पटेल एक-एक करके उघड़ जाएँगे। अनुसूचित जातियों और अनुसूचित जनजातियों को भी यह सोचना है कि वे गैर-अनुसूचित जातियों और गैर-अनुसूचित जनजातियों की अवैध संतानों को संसद में, विधान सभाओं में, स्थानीय निकायों में, भारतीय प्रशासनिक सेवा और राज्य की अन्य लोक सेवाओं में, विश्वविद्यालयों और शैक्षणिक संस्थानों में आरक्षण की सुविधा क्यों लेने दें। गैर-अनुसूचित जातियों और गैर-अनुसूचित जनजातियों की वैध संतानों के लिए पहले से ही जाली प्रमाणपत्र जारी हो रहे हैं, पर उनकी अवैध संतानों के लिए ये तो 'डबल फेक सर्टिफिकेट' हैं।

## संदर्भ


1. मेरा बचपन मेरे कंधों पर, श्यौराज सिंह बेचैन, वाणी प्रकाशन, 21-ए, दरियागंज, नई दिल्ली-110 002, प्रथम संस्करण, 2009, पृ. 29
2. वही, पृ. 33
3. वही, पृ. 90
4. वही, पृ. 109
5. वही, पृ. 26
6. वही, पृ. 347
7. वही, पृ. 65
8. वही, पृ. 69
9. वही, पृ. 68
10. वही, पृ. 58-9
11. वही, पृ. 146
12. वही, पृ. 175
13. वही, पृ. 177
14. वही, पृ. 177
15. वही, पृ. 177
16. वही, पृ. 177
17. वही, पृ. 176
18. वही, पृ. 99
19. वही, पृ. 37
20. वही, पृ. 27
21. वही, पृ. 34
22. वही, पृ. 36

23. वही, पृ. 51 24. वही, पृ. 51 25. वही, पृ. 49-50
26. वही, पृ. 168 27. वही, पृ. 169 28. वही, पृ. 71
29. वही, पृ. 332 30. वही, पृ. 70 31. वही, पृ. 349
32. वही, पृ. 46 33. वही, पृ. 271 34. वही, पृ. 102
35. वही, पृ. 133 36. वही, पृ. 134

37. डीएनए टेस्ट से जाति प्रमाणपत्र की जांच, हिंदुस्तान, नई दिल्ली संस्करण, 29 जनवरी, 2010, पृ. 13

38. There will be social disturbances if such a decision is made." NCP opposes DNA tests for caste verification, The Hindu, Delhi Edition, 29 January, 2010, p. 13

## अध्याय-4

# एक आदमी के दो मुँह

क. हिन्दू : दो मुँह की गाल-बजाई
ख. साम्प्रदायिकता का फैलाव
ग. पृथक धर्म और दर्शन

## क. हिन्दू : दो मुँह की गाल-बजाई

मेरे एक मित्र हैं। वरिष्ठ अधिकारी के नाते ऊँचे-ऊँचे सरकारी पदों पर तैनात रहे हैं। मृदुभाषी हैं। बहुत अच्छे वक्ता हैं। साहित्य से गहरा संबंध है। स्वयं साहित्यकार हैं। उन्हें हिंदू लोग अपने मंचों पर भाषण देने के लिए बुला लेते हैं।

वे बहुत दिनों से बोलते आ रहे थे। इस बोलने में उनके तजुर्बे बढ़ रहे थे। चिंतन में उनका विकास हो रहा था। उनमें विकास के साथ-साथ परितर्वन भी हो रहा था। वे समझ नहीं पा रहे थे कि यह क्या हो रहा है। उन्हें हिंदू अच्छे भी लग रहे थे और बुरे भी लग रहे थे। उन्होंने हिंदुओं के कई धर्म-ग्रन्थों का अध्ययन कर रखा था। उन्हें कई धार्मिक नारे कंठस्थ हो गए थे। वे नारे आकर्षण पैदा करते थे। उधर वे हिंदू लोगों का व्यवहार देखते थे। उनका व्यवहार एकदम बुरा था। उन्हें पता चला कि हिंदू लोग दूसरे लोगों से घृणा करते हैं। हिंदुओं की छुआछूत को देख कर वे दंग रह गए। आमंत्रित होने पर यह बात उन्होंने हिंदुओं के मंचों पर कहनी शुरू कर दी। उनके भाषणों की शैली इस प्रकार हो गई—"बंधुओ, मेरे हिंदू भाइयो, मैं आपके शास्त्रों को पढ़ता हूँ तो श्रद्धाभाव से उन्हें नमन करता हूँ। आपके शास्त्रों में 'वसुधैव कुटुम्बकम्' का शब्द है। इसके सामने कौन अपना मत्था न टेक दे? आपका दर्शनशास्त्र अद्वैत का है। ऐसे दर्शन के चरण पखारने को मन करता है। चुन-चुन कर कितने सुंदर शब्द लाए हो। लेकिन बंधुओ, मेरे भाइयो, जब आपका व्यवहार

देखता हूँ तो मन रो पड़ता है। आप लोगों को अछूत कहते हो। 'वसुधैव कुटुम्बकम्' भी है और छुआछूत भी है—अद्वैत दर्शन भी है और चाण्डाल से परहेज भी है। मैं आप लोगों को समझने में असमर्थ हूँ। मैं आपकी कौन सी बात मानूँ? मेरी समझ में कुछ नहीं आता। प्यार की बात कहते हो और लोगों के गले काटते हो।"

नतीजा यह निकला है कि अब हिंदुओं ने उन्हें अपने मंचों पर बुलाना छोड़ दिया है और उन्होंने भी वहाँ जाना छोड़ दिया है। उन्हें भी बाबा साहेब डॉ. अम्बेडकर की तरह हिंदू धर्म रिड़लों से भरा पिटारा लगने लगा है। अब वे कबीर के 'कथनी करनी कौ अंग' को बड़े मनोभाव से पढ़ रहे हैं। भगवत शरण उपाध्याय ने हिंदुओं के इसी चरित्र को शब्द देते हुए लिखा है—"यह पाँचवां वर्ण ही आज के निम्नतम अछूत हैं जिनको मनुष्यता के कोई अधिकार प्राप्त नहीं, जो वर्ण-व्यवस्था के घृणित शिकार हैं और जो भारत के 'वसुधैव कुटुम्बकम्' की दिगन्त घोषित उदार नीति पर मूर्तिमान व्यंग्य हैं।"[1]

ऐसा नहीं हो सकता कि दलित जाति के व्यक्ति का हिंदुस्तान में हिंदू धर्म से वास्ता न पड़ता हो। यह वास्ता उसका हिंदुओं से साक्षात्कार के रूप में होता ही रहता है। पहला साक्षात्कार यही होता है कि उसके साथ सीधे अन्याय होता है। उसका खुल कर शोषण किया जाता है। लेकिन कई बार एक दूसरा साक्षात्कार भी होता है। इसमें हिंदू दो मुँहा या कथनी और करनी के अंतर वाला होता है। यह दूसरे प्रकार का साक्षात्कार बालक श्यौराज के साथ हुआ है।

इस साक्षात्कार में वह गाँव के आर्य समाजियों की वजह से आर्य समाजी बन जाता है। उसने लिखा है—"मैं आर्यसमाज के प्रभाव में आकर हुक्का-बीड़ी और मांस-मछली खाना छोड़ चुका था, यहाँ तक कि मैंने कौंधनी बांधना भी शुरू कर दी थी। सिर मुंडा कर चोटा रख लिया था और गले में एक यज्ञोपवीत भी धारण कर लिया था। गाँव के सुशिक्षित लोग आर्यसमाजी थे। वे मुझसे खुश थे। मैं भी स्वयं को आर्य कहने लगा था।"[2] उसके मन में आर्य समाजी बनने की वजह से कई भ्रम पलने लगे थे। तब उसका मानसिक बदलाव और वैचारिक विकास हो रहा था। वह आर्य समाज को समझने की कोशिश कर रहा है, जब लिख रहा है—"आर्य मित्र का मुझे सदस्य भी बनवा दिया गया और श्यौराज सिंह के साथ 'आर्य' उपनाम जोड़कर नामकरण-संस्कार भी कर दिया गया था। मतलब भी समझा दिया गया कि आर्य का मतलब है श्रेष्ठ होना और अनार्य का मतलब अश्रेष्ठ होता है। उस दिन से मैं स्वयं को श्रेष्ठ और शेष को अश्रेष्ठ मानने का अभ्यास करने लगा। परन्तु ऐसी अतार्किक आत्मप्रशंसा आज तक मेरे गले नहीं उतर सकी कि कैसे सरनेम 'आर्य' जोड़ लेने से व्यक्ति श्रेष्ठ और न जोड़ने से अश्रेष्ठ होता जाता है।"[3]

असली साक्षात्कार आर्य समाजियों के व्यवहार का है। वे खुद इनके मास्टर साहब प्रेमपाल सिंह यादव हैं। बालक श्यौराज हैरो पर बैठ कर उनके खेत की जुताई

कर रहा था। तभी इनका पाँव तीन-चार इंच कट गया था। मास्टर प्रेमपाल सिंह से भेंट हुई तो वे इनका इलाज करवाने के बजाय इन पर क्रोधित हो गए कि खेत जुतने से रह गए। श्यौराज लिखते हैं–"इस भेंट में मेरा ध्यान जख्म पर और उनका खेती पर था। काफी देर तक मैं गुनाहगार-सा खड़ा रहा। फिर बिना कुछ कहे घर लौट आया। गया था तो सोचा था अब मास्साब आ गये, रोटी मिल जाएगी। खेत तो वे मजूर रखकर दो-तीन दिन में जुतवा लेंगे। पर नहीं, वे तो चाहते थे कि खेत केवल मैं ही जोतता। जिस दिन से मैं उनके घर आया था, उसी दिन से नौकर न रखने की तो उन्होंने कसम खा रखी थी। अतः उस दिन के उनके व्यवहार ने मन में गांठ डाल दी। मुझे आज भी स्पष्ट स्मरण है–उनका वह कंजूस, लालची और शोषक रूप एक संत तुल्य शिक्षक के रूप से कितना भिन्न था।"[4]

मास्टर प्रेमपाल सिंह यादव की वजह से हिन्दुओं के ईश्वर और अध्यात्म सब श्यौराज की सोच के कठघरे में आ जाते हैं। वे लिखते हैं–"जीवन व्यर्थ न चला जाए यह तो मैं भी सोचा करता था। आठवीं में पढ़ते वक्त तक मैं उनसे सहमत था। किंतु धीरे-धीरे जब मैंने पाया कि वे ईश्वर भक्त हैं ठीक संध्या-ध्यान करते हैं...नियमित व्यायाम करते हैं, सात्विक विचारों की बात करते हैं, शाकाहारी हैं; लेकिन वे मुझसे हाड़तोड़ काम क्यों लेते हैं केवल रोटी के बदले। मेरी मेहनत का दशांश भी दे दिया करें तो मेरा खर्चा चलता रहे। आखिर मुझे मेरा शोषण अखरने लगा। शोषण पाप क्यों नहीं? ईश्वर भक्ति में किसी का दोहन क्यों शामिल है?"[5]

प्रेमपाल सिंह यादव का यह दो मुँहा व्यवहार केवल श्यौराज के साथ ही नहीं था, अन्य लोगों के साथ भी उनका यही दो मुँहे वेदान्त का व्यवहार था। श्यौराज ने लिखा है–"घर के पीछे एक बड़ा-सा घर एक निःसंतान विधवा स्त्री मोहनिया का था। हालांकि, 'मोहनिया' भी यादव ही थी। प्रेमपाल सिंह ने अपनी मधुर वाणी और इस आश्वासन पर कि वे उसके घर में एक कन्या पाठशाला खोलकर उसका नाम पुण्य कार्य में रोशन करेंगे...औने-पौने दामों में अपने नाम करा लिया था। इस तरह वे लालच, शोषण और कंजूसी के साथ दिन-दूनी और रात-चौगुनी भौतिक तरक्की कर रहे थे। पर कहते थे कि भौतिक संसार मिथ्या है। इसमें लिप्त होना नर्क में जाना है।"[6]

ऐसा लग रहा है, मानो स्वामी अछूतानंद को आर्य समाज से अलग होने के कारण मिल रहे हों, या बाबा साहेब डॉ. अम्बेडकर को आर्य समाज की पोल खोलने के लिए अपनी पुस्तक 'एन्निहिलेशन आफ कास्ट' छपवानी पड़ रही है। इसलिए, समाधान यह है कि ये कौमें सदियों के डिप्रेशन से बाहर आएँ। इन्हें हर प्रकार के डिप्रेशन ने घेर रखा है। रास्ता अपनी तरफ से स्वतंत्रता के घोष का है। किसी की अच्छी-बुरी सलाह न लें, न सुनें–अपनी ऐतिहासिक बीमारी का इलाज स्वयं करें। दूसरे भेषज्ञों के पास जाने से बीमारी बढ़ी ही है, कभी घटी नहीं। मसलन, इस पुस्तक में किसी प्रेमपाल सिंह यादव की एक स्कूली मसीहा के रूप में जरूरत नहीं थी।

## ख. सांप्रदायिकता का फैलाव

हिंदुओं ने कई विदेशी कौमों को भारत में निगल लिया है। शक, कुषाण और हूणों की पहचान खत्म है। यवनों का अता-पता नहीं कि वे कहाँ खो गए। बौद्ध धर्म को खा गए, उत्तर भारत में पुरानी ईसाइयत को चबा गए और आजीवक धर्म का जिक्र करना तक बंद कर दिया, लेकिन इस्लाम से पार नहीं बसाया। इस्लाम इनके गले की हड्डी बना हुआ है। न सामंजस्य हुआ और न इस्लाम हारा–यही हिंदुओं की मुसीबत है। प्रयत्न किए गए लेकिन वे सफल नहीं हुए। डॉ. भगवत शरण उपाध्याय ने अपनी पुस्तक 'भारतीय समाज का ऐतिहासिक विश्लेषण' में इस समस्या को यों व्यक्त किया है–"भारतीय संस्कृति को स्पर्श करने वाली दूसरी जातियाँ वे थीं जो इस्लाम के झंडे के नीचे भारत में प्रविष्टि हुईं। ये निस्संदेह एक जाति की न थीं यद्यपि इनका धर्म एक था। मुहम्मद बिन कासिम के 712 ई. के हमले से लेकर सोलहवीं सदी तक लगातार मुस्लिम जातियों का आगमन होता रहा। उनके आने तक भारतीय समाज की धारणा-शक्ति नितांत कुंठित हो चुकी थी और उसका सामंजस्य नवागतों के साथ न बैठ सका। उनके आर्थिक, राजनीतिक और धार्मिक हित हिंदू जीवन के सर्वथा विरुद्ध पड़े और दोनों में किसी प्रकार का संपर्क न बढ़ सका। विजेताओं ने हिंदुओं के साथ किसी प्रकार का सामाजिक संबंध न रखा। उसके पूर्व हिंदुओं का मुसलमान हो जाना आवश्यक था। इसके अतिरिक्त जो हिंदू जीवन की प्रिय बातें थीं, उनसे विजेताओं को चिढ़ थी। इन कारणों से हिंदू अपने विजेताओं को अपना विश्वस्त न बना सके।"[7]

श्यौराज सिंह बेचैन की इस पुस्तक से पता चलता है कि साम्प्रदायिकता का यह फैलाव आज तक कायम है। वे इसके प्रत्यक्ष गवाह हैं।

बैठा-बैठा हिंदू क्या करता रहता है? पहला काम, वह छुआछूत के मंत्र का जाप करता रहता है। दूसरा काम, वह सांप्रदायिकता के जहर का घोल तैयार करता रहता है। सामाजिकता के स्तर पर परमात्मा ने ये दो ही काम उसे सौंप कर दे रखे हैं। इन्हें वह आपातकाल में भी निभाता है, क्योंकि उसने 'आपद्धर्म' नाम से भी धर्म का एक बट्टा-खाता अलग से खोल रखा है।

यह उस दौर की बात है जब श्यौराज का बचपन बीत रहा था और उत्तर भारत के दलितों में राजनीतिक चेतना जाग रही थी। लेखक लिखते हैं–"जब कभी शहर से हिंदू-मुस्लिम झगड़े की खबर मिलती हमारी पूरी बस्ती अपने गाँव के मुसलमानों से चौकन्ना होने लगती। जबकि मेरी स्मृति में ऐसा एक भी उदाहरण नहीं है, जिसके आधार पर मैं कह सकूं कि सवर्ण हिंदुओं की अपेक्षा मुसलमानों ने हम पर कोई हमला किया या स्पृश्य हिंदुओं की अपेक्षा अधिक अस्पृश्यता का बर्ताव किया। परंतु हिंदू धर्म-प्रचारकों ने मुसलमानों की नकारात्मक छवि हमारे मन में बिठा दी थी...

मानो वे इंसान ही न हों, जबकि इंसानियत के मामले में कुछ हिंदू लोग तो मुसलमानों के पाँव के धोवन भी नहीं थे।"[8] लेखक का वास्तविक तजुर्बा चल रहा है जब वह लिखता है—"गाँव में मैं अफवाहें सुना करता था कि मुसलमान लोग मौका मिलते ही हिंदू का खून कर देते हैं। संभल के मुसलमानों की ऐसी ही तस्वीर दिमाग में बिठा दी थी परंपरागत हिंदू प्रचार ने। अछूत हिंदू नहीं होते, ऐसी मेरी समझ उस समय नहीं थी। यह मुझे हिंदुओं के व्यवहार, इतिहास और बाबा साहब डॉ. अम्बेडकर के साहित्य ने अब समझाया है। संभल मुस्लिम बहुल ऐतिहासिक नगर है। यहाँ किसी भी हिंदू को मार कर गायब किया जा सकता है, ऐसी भ्रामक आशंका मेरे अवचेतन में बैठी थी। पर मुझे कोई क्यों मारेगा? मैं कौन-सी चोटी, जनेऊ रखता हूँ, जो हिंदू पहचाना जाऊँ। मैं भी मुसलमान जैसा ही हूँ। कोई पूछेगा तो बता दूँगा, गाँव का मुसलमान हूँ।"[9]

यह पक्ष अलग तरह से भी सिद्ध होता है कि दलितों और मुसलमानों में अनेक समानताएँ हैं। एक रानी हैं और दूसरी रानी की माता हैं। रानी के पिता ईश्वरी प्रसाद लुहारगिरी के काम में दक्ष थे। 'माता जी' से मतलब ईश्वरी प्रसाद की पत्नी से है जब लेखक उनके बारे में लिखते हैं—"हम इस घर के विश्वसनीय और बेपगार के रखवारे थे। वरन् चोर-उचक्के रोज ही वारदातें किया करते थे। यहाँ माहौल खराब था। माताजी कहा करतीं थी—"चारों ओर मुसलमान रहते हैं। हमें उनसे खतरा रहता है। पर तुम तो हिंदू-मुसलमान दोनों का काम करते हो, दोनों का खा-पी लेते हो। तुमसे कौऊ की दुश्मनी नहीं।"[10] यही सच है कि दलित लोग भारत में खानपान के मामले में किसी से परहेज नहीं करते। वे सबके घर का खाते हैं। इस एक अर्थ में भी वे सरभंगी हैं।

उत्तर भारत में जो जिम्मेदार दलित लोग मिलते हैं, वे यही मानते हैं कि उनका मुसलमानों से छुआछूत आदि को ले कर कोई झगड़ा नहीं है। वे जब मुसलमानों और हिंदुओं की तुलना करते हैं तो मुसलमानों को अपने नजदीक पाते हैं। इस लेखक का भी यही अनुभव रहा है। यह तुलना मजदूरी तक के मामले में है। उन्होंने लिखा है :

> "वह दिनचर्या थी मेरी। जब भी काम न मिले, मस्जिद की ओर रुख करो। चुन कर पाँच-सात जोड़े जूते उठाओ, पॉलिश करो और नमाज खत्म होने से पहले नियत स्थान पर रख दो या डिब्बी ब्रुश लो और काले ब्राउन (लाल) जोड़े उठाओ, एक कपड़ा लो और जूता गोद में रखकर कपड़े से साफ करके चमका दो। इत्मिनान हो तो बोरी का टुकड़ा बिछाकर बाहर बैठ जाओ। काम करो, चुपचाप वापस चले आओ और नमाजियों को नमाज पढ़ने दो। पैसे थड़े पर आ जायेंगे।

> रही पूजा-इबादत की बात, सो अपनी तो रही बूट पॉलिश कमाना-खाना। पर हाँ, मस्जिद में घुसने की मनाही नहीं। मंदिर जैसी हिकारत, छुआछूत यहाँ दूर तक नहीं। काम से भी कोई नफरत नहीं। मुँह-हाथ धोइए, मुल्ला जी की बगल में जा बैठिए प्यार-मोहब्बत से दिल में आया तो बात करते-करते वे सिर पर हाथ भी फिरा देंगे।"[11]

लेखक को मुसलमान और हिंदू की तुलना करने में जो पता चला है, वह बताने लायक बात समझ कर उन्होंने लिखा है—"इबादत करने वाले मजूरी रखना पाप समझते हैं। ये कोई हिंदू नहीं हैं जो काम के पूरे दाम नहीं देंगे। सेवाएँ लेंगे। मेहनताना नहीं देंगे। ऊपर अछूत बता कर दूर-दूर करेंगे।"[12]

इस्लाम के बारे में हिंदू लोग कुछ भी सोचते हों, लेकिन दलितों के लिए इस्लाम धार्मिक राहत ले कर आया है। यह इसी इस्लाम की बात है जो श्यौराज सिंह ने अपनी आत्मकथा में दर्ज की है—"छूतछात किसे कहते हैं, मुल्ला जी क्या जानें—नल पर हाथ धोले सौराज और मुल्ला जी के बेटे के साथ खाना खा ले।"[13] आगे का सच व्यवहार में बदलता हुआ दिखाया गया है :

> "मैं सकुचाता मुल्ला जी के घर पहुँचता हूँ। "अब्बा, श्यौराज आया है।" "तो अंदर बुला, बाहर क्यों खड़ा है। गोश्त परोसा हुआ है। उसे भी खिलाओ बेटे, अपने साथ।" मैं उनके बेटे की थाली में खाने लगता हूँ उसी के साथ।
>
> मेरे गाँव के यादवों, कसेर के लोधियों या शर्माजी का व्यवहार और मुल्ला जी, मास्टर अतिकुर्रहमान के व्यवहार में जमीन-आसमान का फर्क था। पर ताऊ बताते थे, मुल्ला जी के पुरखे हमारी जात के थे। वे हिंदुन की छूत-छात से परेशान होकर मुसलमान बन गये थे।"[14]

## ग. पृथक धर्म और दर्शन

इस पुस्तक से एक खास बात यह सिद्ध होती है कि चमार जाति के लोग अपने धर्म में हिंदू नहीं हैं। ऐसा नहीं है कि चमारों में अंधविश्वास न फैले हों, वे वहाँ मौजूद हैं, पर इस वजह से वे हिंदू नहीं कहे जा सकते। दलितों की दृष्टि से ऐसे अंधविश्वास दूसरे धर्मों में भी फैले हुए हैं। हिंदुओं को कई मायनों में मुसलमान या ईसाई धर्म के लोग अंधविश्वासी लग सकते हैं, पर इसी वजह से मुसलमान या ईसाई लोग हिंदू नहीं माने जा सकते। चमारों के अंधविश्वास ऐसे ही हैं जैसे दूसरे धर्मों

के लोगों में भी होते हैं, पर तब भी वे दूसरे धर्मों से भिन्न धर्म के लोग हैं। लेखक ने इस अंतर को बताते हुए लिखा है–"हमारी बस्ती में इन भूत-पिशाचों की तुलना में राम, कृष्ण और शिव तक को न तो कोई पूजता था न किसी की इनमें आस्था थी। बल्कि निःसंतान सवर्ण दम्पतियों की भीड़ चमार सियाने के घर लगी रहती थी।"[15] उन्होंने इस अन्तर को और स्पष्ट किया है जब लिखा है–"जहाँ तक धार्मिक आचार-विचार का प्रश्न है, हमारे निजी देवी-देवताओं की पूजा-अर्चना होती थी। कबीर-रैदास अलौकिक लीलाओं के साथ थे। सीना चीर जनेऊ दिखाना, कठौती से कंगन निकालना, रानी को शिष्या बनाकर उद्धार करना आदि ने लौकिक यथार्थ भुला दिया था। घालमेल इतना कि कबीर, तुलसी, सूर, रैदास साकार-निराकार सब गड्ड-मड्ड थे कौम के परिवेश में।"[16]

सच यह है कि इस घालमेल और गड्ड-मड्ड में भी बहुत कुछ है जो विशिष्ट रूप से पृथक धर्म के रूप में दृष्टिगोचर होता है। लेखक ने लिखा है–"मिर्जापुर में जीजा के चचेरे भाई बाबूराम स्वांग, आल्हा, ढोला, रागनियाँ आदि पढ़ने-गाने के शौकीन थे। मेरठ के गुरु बख्शीदास रचित 'रैदास रामायण' मैंने पहली बार उन्हीं से लेकर पढ़ी थी।"[17] इस 'रैदास रामायण' का श्यौराज के मन पर गहरा असर था। वे लिखते हैं–"मेरठ से छपी गुरु बख्शीदास की रैदास रामायण में...काशी के कर्मकांडी ब्राह्मणों के साथ उनका जो शास्त्रार्थ रहा, उसके प्रभाव में मैं शर्मा जी को पूरा अंधविश्वासी मानता था। मेरे भीतर ताऊ के रैदास-कबीर का विस्तार अलग तरह से हो रहा था। शर्माजी को मैं पैदायशी ज्ञानी होने के उलट पूरा अज्ञानी मानता था, क्योंकि हजारों साल तक ज्ञान को अपने आप तक सीमित रखकर वे दुनिया में अनपढ़ रखे अछूतों के लिए ज्ञान ध्यान का कोई काम नहीं कर पाये। जात-पांत, ऊँच-नीच और छुआछूत ही इनकी खास उपलब्धियाँ थीं। जड़ ब्राह्मणों (में) तथाकथित ज्ञान का नतीजा क्या है? यह ब्राह्मणी ज्ञान का कौन-सा वृक्ष है, जिस पर केवल गैर-बराबरी के ही फल आते हैं।"[18]

श्यौराज के ताऊ एक तरह से स्थानीय रैदास ही थे। ताऊ ने बालक श्यौराज के मन में रैदास की शक्ति भर दी थी। वे लिखते हैं–"रैदास का ब्राह्मणों से हमेशा शास्त्रार्थ रहा था। इसे वे परंपरा मानते थे कि चमार ब्राह्मण से ज्यादा ज्ञानी होता है। ब्राह्मण केवल पोथी बाज होता है। उसके पास व्यावहारिक ज्ञान नहीं होता। उसे अहंकार ज्यादा होता है। बराबरी की इंसानियत उसमें सिरे से नहीं होती...ताऊ की ऐसी मजबूत धारणा थी। जहाँ भी ब्राह्मण से बहस होती थी, वे बहस में भिड़ जाते थे।"[19]

रैदास का गंगा से विशेष संबंध ठहरता है। यह बात विशेष रूप से ध्यान देने की है कि रैदास काशी के थे। काशी गंगा की वजह से भारतीय लोगों का तीर्थस्थल है। लेकिन गंगा काशी से पहले श्यौराज के क्षेत्र में हो कर बहती है। उसी बारे में

रैदास की ताकत से लिखा गया है—"डिबाई (कसेर) का रेलवे स्टेशन राजघाट (नरौरा) से पहला स्टेशन था, इस नाते यहाँ गंगा-स्नान करने वाले दूर-दूर से बहुत लोग आया करते थे। स्नान-पर्व पड़ता था तब तो मेला लगता ही था। ऐसे में हमें काम ज्यादा मिलता था, इसलिए हम अपनी जगह छोड़कर इधर-उधर कम जाते थे। परंतु एक-दो दिन बाद ताऊ मुझे लेकर खुद गंगा-स्नान करने जाया करते थे।—गंगा मइया का ध्यान लगाओ, मन पवित्र रखो। अपने गुरु रैदास गंगा मैया के सच्चे भगत थे। ब्राह्मण मन के मैले होते हैं। इसलिए वे गंगा के भगत नहीं हो सकते। ब्राह्मणों के प्रति ऐसी धारणा थी उनकी। 'कठौती में गंगा' वाला चमत्कारी प्रसंग मेरे मन में सदा अटका रहता था।"[20]

चमारों के धर्म की हिंदुओं के धर्म से विशिष्टता और पृथकता अम्बेडकर-गांधी के विवाद से ज्यादा समझ में आती है। अम्बेडकर-गांधी का विवाद मात्र राजनैतिक नहीं था बल्कि धार्मिक था। उत्तर भारत के चमारों ने गांधी की तुलना में हमेशा डॉ. अम्बेडकर का अनुसरण किया है। धार्मिक चिंतन के स्तर पर उन्होंने कभी गांधी की बात नहीं मानी। इस मामले में बाबू जगजीवन राम भी गांधी के चिंतन से जुदा थे।

चमारों के इस धार्मिक चिंतन की पृथकता को चमारों के नेताओं ने पूरी तरह समझा है। उदाहरण के रूप में, उत्तर भारत में अम्बेडकर जयंती मनाने की शुरूआत चमारों ने की है। इतना ही नहीं, गैर-दलितों ने कभी डॉ. अम्बेडकर को महत्व नहीं दिया। इस बारे में श्यौराज सिंह ने लिखा है—"उसी वर्ष 'संघ-प्रिय गौतम' का भाषण गहतोली गाँव में सुना था। जन्म उत्सव केवल जाटव चमार ही मनाया करते थे। बाकी जातियाँ उपहास उड़ाया करती थीं...जिनमें गैर चमार दलित जातियाँ भी शामिल रहती थीं। बाबा साहब जयंती पर उनके बारे में शायद पहली बार मैंने संक्षिप्त जानकारी वहीं प्राप्त की थी। स्कूली किताबों में उनके बारे में कुछ भी नहीं पढ़ा था। कभी किसी अध्यापक की जुबान पर भी अम्बेडकर का नाम आया हो, ऐसा मुझे ध्यान नहीं है। जबकि धीरज सिंह तोमर, संविधान के बारे में 'नागरिक-शास्त्र' में कई अध्याय पढ़ाते रहते थे...पर जाने क्यों वे अम्बेडकर से बचकर निकले और गांधी जी... बिना संदर्भ के भी पढ़ाये थे। बाद में भी लंबे समय तक न कोई अम्बेडकरी साहित्य पढ़ने को मिला था न कोई अम्बेडकरी विद्वान व्यक्ति से संपर्क हुआ।"[21] उधर, जब चमारों ने डॉ. अम्बेडकर को लोकप्रिय बना दिया तो गैर-दलितों ने डॉ. अम्बेडकर को प्रक्षिप्त रूप में पेश करना शुरू कर दिया। श्यौराज ने प्रक्षिप्तिकरण की उस प्रक्रिया को अपनी आत्मकथा में दर्ज किया है—"अम्बेडकर को जब अपने गैर-दलित शिक्षकों द्वारा जाना तो उन्हें अंग्रेज-भक्त, समझौतावादी और केवल थोड़ा-सा दलितों का हितैषी ही समझा। यही मुझे पढ़ाया भी गया था। इसके विपरीत गांधीजी केवल बनिया, ब्राह्मण मात्र के नेता नहीं थे वे दलितों के भी

राष्ट्रपिता थे। उन्होंने हरिजन सेवा का व्रत लिया था। वे खुद भंगी बन गये थे। ऐसा पढ़ने-सुनने को खूब मिलता था। मुझे गांधीजी का अधनंगा हुलिया आकर्षित करता था। मैं समझता था, वे मेरे बब्बा की तरह गरीब आदमी थे। इस कारण पूरे वस्त्र उपलब्ध नहीं कर पाते होंगे।''[22]

ऊपर के उद्धरण के अन्तिम शब्दों से देखा जा सकता है कि एक कितने बड़े व्यंग्य की सृष्टि हो गई है। रियासत के राजा के दीवान के बेटे के बारे में बालक श्यौराज के क्या विचार बने हैं? लेकिन जैसा पहले बताया जा चुका है, डॉ. अम्बेडकर उत्तर भारत के चमारों के हृदय में बसे हुए हैं। बालक श्यौराज को डॉ. अम्बेडकर के बारे में जिन से जानकारी और प्रेरणा मिली, वह उनके मौसा हैं। अपने मौसा के बारे में उन्होंने लिखा है—''उन्होंने गांधी-अम्बेडकर, दोनों को दिल्ली में करीब से देखा था। वे इनके विचार संघर्ष की बारीकियाँ नहीं जानते थे। आजादी बनियों की है, क्योंकि गांधी बनिया थे। वे दलितों के हितों के विरोधी थे और अम्बेडकर मसीहा थे, हमारी कौम के थे। बस इतना ही उनका विश्वास था। स्वामी अछूतानंद की सभा में उन्हें साक्षात् देख पाने वाले वे मेरे संबंधियों में पहले व्यक्ति थे। वे दिल्ली और उसके आसपास हर दलित नेता का भाषण सुनने जाया करते थे। संतों में रैदास-कबीर और नेताओं में बी. पी. मौर्य और बाबू जगजीवन राम के वे प्रशंसक थे।''[23]

इस आत्मकथा में डॉ. श्यौराज सिंह ने कुछ काम इस आत्मकथा के दायरे से बाहर जा कर भी कर दिया है। यह बाहर जाना दोष नहीं है बल्कि आत्मकथा का असली उद्देश्य है। यदि वे बाहर न जाते तो आत्मकथा लिखने का प्रयोजन नहीं सध सकता था। इसलिए, यह अच्छा हुआ कि उन्होंने अम्बेडकर-गांधी के विवाद को आज का संदर्भ देते हुए लिखा है—''गांधी प्रचारक चमारों-भंगियों की बस्तियों में आकर प्रायः कहते थे कुछ समय के अंतराल में आजादी दलितों तक पहुँच जाएगी। उसमें समय लगेगा। पर ज्यों-ज्यों स्वतंत्रता की उम्र बढ़ रही है, दलितों का दालित्य, दरिद्रता और सवर्णों की समृद्ध-सवर्णता और जातीय विद्वेष की भावना बढ़ती जा रही है। दोनों के बीच रिश्ते तनाव और द्वेष पूर्ण हैं। सामंजस्य के आसार कम हैं, गृह युद्ध के खतरे पनप रहे हैं। जाति भेद के साथ-साथ अर्थ-भेद गहरा होता जा रहा है। इधर के दशकों में लगने लगा है कि गांधी जी झूठे साबित होते जा रहे हैं और डॉ. अम्बेडकर की कई शंकाएँ सच होती जा रही हैं, जिनमें से एक यह कि 'अंग्रेजों (के) जाने के बाद दलितों पर गैर-दलितों का राज होगा।' भागीदारी के सिद्धांत पर अमल के बगैर स्वतंत्रता दलितों पर महान आपदा नहीं होती जा रही है क्या?''[24]

शायद, अभी भी किसी गैर-दलित को लग सकता है कि चमार और हिंदू धार्मिक दृष्टि से अभिन्न लोग हैं। इस अभिन्नता को डॉ. श्यौराज द्वारा लिखा गया

एक प्रकरण पूरी तरह छिन्न-भिन्न कर देता है। यह प्रकरण चमारों द्वारा गौमांस खाने का है। डॉ. अम्बेडकर ने इसे अछूतों पर लिखी अपनी पुस्तक में इतिहास के पुष्ट प्रमाणों के आधार पर दर्ज किया है। खास बात यह है कि डॉ. श्यौराज ने इसे अपने अनुभव से लिखा है।

हुआ यह कि चौधरी की गाय मर गई। अब उसे उठाना था। श्यौराज ने लिखा है—"गाय के अगले-पिछले दो-दो पाँव एक साथ बांध कर उनके बीच में मोटे-मोटे बांस जिन्हें हम संगेटे कहते थे, डाल दिए गए थे। एक जोड़े में लगे गेंदालाल और बीरबल दूसरे में डालचंद के साथ मुझे पूर्ववत लगना था। इसलिए कि डालचंद मेरे चाचा थे।"[25] यह गाय डालचंद के हिस्से में थी। वे उसे बंजर में डलवा कर दूर खड़ी साइकिल पास ले आए। तब गेंदालाल और बीरबल बोले—"अब खाल तुम लै अइयो," और वे चले गए।"[26]

इसके बाद क्या हुआ? जो हुआ, वही महत्वपूर्ण है। डॉ. श्यौराज सिंह ने लिखा है—"उनके जाने के बाद डालचंद ने खाल उतारी। उस समय मैं मवेशी के पैर पकड़े खड़ा था। खुरों के बीच से चीरा लगाया और नीचे तक पार कर दिया। पेट बीच से चीरते ही सफेद झिल्ली-सी दिखी। मैंने हाथ का दबाव दिया और खाल उतर गयी। झिल्ली-हड्डियों के बीच खाल एकदम ऐसे लगती थी, जैसे यह शरीर के साथ जुड़ी न होकर अलग से चिपका दी गयी है। खाल उतारी, जगह-जगह से मांस भी काटा क्योंकि चर्बी ताने (गर्म करने) का काम भी तब तक शुरू हो गया था। चर्बी में से निकलने वाली चिर्री मैं खूब खाता था।"[27]

इतिहासकारों का मानना है कि भारत में सन् 1857 के प्रथम स्वतंत्रता संग्राम का कारण धार्मिक था। तत्कालीन नई तकनीक में बंदूक से कारतूस हटाने का काम मुँह से करना पड़ता था। उसमें गाय और सूअर की चर्बी लगाई गई थी। हिंदुओं के लिए गाय पवित्र और मुसलमानों के लिए सूअर हराम है। कहते हैं, इसी कारण हिंदू और मुसलमान सैनिकों ने अंग्रेजों से विद्रोह कर दिया। पर, तब अछूत सैनिकों के बारे में क्या कहा जाए क्योंकि अंग्रेजों की तरह गाय और सूअर दोनों का मांस खाने की वजह से वे न हिंदू थे और न मुसलमान थे?

जहाँ तक दर्शन शास्त्र का प्रश्न है, वह भी बालक श्यौराज के लिए आदिम उत्तर ले कर आया है। यूँ कहिए कि जब मनुष्य का आदिम चिंतन चला था तो वह सगुण और निर्गुण के संदर्भ का नहीं था। निराकार और साकार का भेद बहुत बाद की चीज है। उस समय मनुष्य को ज्ञान की प्राप्ति इस रूप में हो रही थी कि जल ही जीवन है, वायु ही जीवन है, अग्नि ही जीवन है, अन्न ही जीवन है। जो प्रकट दीख रहा था, वही जीवन का नियामक था। ऐसी बहस पुराने यूनान में भी चली है और भारत के दार्शनिकों में भी चली है। धनी लोगों द्वारा अब उसे भौतिकवाद

कह कर छुटकारा पा लिया जाता है पर गरीबों के लिए वह कभी की भौतिकवाद के रूप में बुराई की चीज नहीं रही। श्यौराज को भी दार्शनिक प्राप्ति इस रूप में हुई है कि कह दें कि 'जल ही जीवन है।' चूँकि, संदर्भ भारतीय समाज का चल रहा है, इसलिए सार्वजनिक नल के पानी के रूप में इन्हें यह अतिरिक्त प्राप्ति हुई है कि कह दें कि 'हजार बार छूने पर भी उसे छूत नहीं लगती थी।' उद्धरण इस प्रकार है—''इधर पूरब में चाय की दुकान के पीछे एक सरकारी हैंडपंप था। मैं उसी के पास बैठकर सुबह-शाम कोयला मिट्टी (से) अपने बर्तन...मांजा-धोया करता था। जब जरूरत होती, हत्था चलाया और पानी ले लिया। इसलिए पानी न रख पाने की स्थिति में जितनी बार प्यास लगती, उतनी बार नल पर ही पीने जाना पड़ता था। यूँ नल ही हमें जीवन दे रहा था। यह सार्वजनिक सरकारी नल हमारे लिए पानी का अच्छा साधन था। हजार बार छूने पर भी उसे छूत नहीं लगती थीं।''[28] पानी और पानी से जुड़ी इस छुआछूत को ले कर पहले कबीर ने भी अपने समय के पांडे को ललकारा था—''पांडे, बूझि पियहु तुम पानी।''[29] 'जल ही जीवन है'—के भौतिकवाद की प्रशंसा में कबीर ने पांडे से कहा था—''पांडे न करसि वाद विवादं : या देही बिन सबद न स्वादं।''[30]

दलितों के मूल आजीवक धर्म में 'नियति' शब्द का दार्शनिक महत्व है। यह आजीवकों की परातात्विकी का विषय है। मनुष्यों का और अन्य जीवों का जन्म लेना इसी शब्द में शामिल है। आजीवकों ने जन्म लेने की घटना को एक नाम दिया है जो 'नियति' है।

नियति का सिद्धांत पुनर्जन्म की शब्दावली का खंडन और अमान्यकरण है। जब नियति में विश्वास किया जाता है तो पुनर्जन्म के सिद्धांत में विश्वास नहीं किया जाता। यही आजीवकों का अन्य प्राचीन भारतीय धर्मावलम्बियों से अंतर है। ब्राह्मण धर्म, बौद्ध धर्म और जैन धर्म पुनर्जन्म में विश्वास करते हैं जबकि आजीवक धर्म नियति में विश्वास करता है।

सवाल है, किसी मनुष्य का जन्म कब और कहाँ होता है? ब्राह्मण, बौद्ध और जैन तत्काल उत्तर दे देते हैं कि यह सब पिछले जन्म के कर्मों के आधार पर तय होता है। आजीवक इस तर्क को नहीं मानते।

यह बहस इसी रूप में है और इसी रूप में पेश की जानी चाहिए। चालाकी से ब्राह्मण, बौद्ध और जैन लोग आजीवकों की नियति को भाग्य और मजबूरी से जोड़ देते हैं। आजीवकों की नियति का ब्राह्मणों, बौद्धों और जैनियों के भाग्य और उनकी मजबूरी से कोई रिश्ता नहीं है। ब्राह्मण, बौद्ध और जैन जिसे पुनर्जन्म के सिद्धांत से जोड़ कर धर्म-कर्म और कर्म विपाक कहते हैं, आजीवकों की नियति का उससे भी कुछ लेना-देना नहीं है। आजीवकों का कर्म लौकिक है और संतान के

पालन-पोषण से जुड़ा हुआ है। इसलिए, आजीवकों को ब्राह्मणों के मोक्ष, बौद्धों के निर्वाण और जैनियों के कैवल्य की प्राप्ति की आवश्यकता नहीं है। इनकी प्राप्ति के लिए उन्हें संन्यासी, भिक्षु और मुनि बनने की भी जरूरत नहीं है।

आजीवक लोग लौकिक जगत में एक मनुष्य को दूसरे मनुष्य की दासता के बंधन से काटते हैं। कोई व्यक्ति, कोई समूह, कोई वर्ग दूसरे व्यक्ति, समूह या वर्ग का दास नहीं रहेगा—यही आजीवकों की मोक्ष, निर्वाण और कैवल्य की पारलौकिकताओं के मुकाबले में लौकिक स्वतंत्रता है। डॉ. श्यौराज सिंह अपनी आत्मकथा में यही कह रहे हैं जब वे लिख रहे हैं—"कोई विद्रोह नहीं किया था तब मैंने। विद्रोह की चेतना थी बल्कि सोचता हूँ कैसा कायर और समझौतापरस्त था मेरा वह व्यक्तित्व! मजबूरी को नियति मान लिया था मैंने।"[31]

स्पष्ट है, यहाँ कायरता, समझौता और मजबूरी नियति से अलग चीजें हैं।

घटना वही है कि चौधरी की मरी हुई गाय घर में पड़ी थी। उसे करवट से भी नहीं बदला गया था। धोती के छोर से मुँह ढके दरवाजे पर खड़ी चौधरन इन चमारों से कह रही थी—"तुम लोग सवेरे के बुलाए हो, अब दुपहरी में आए हो। नातेदार हो का? ससुरे अब आइ रए हैं जैसे मेहमानी खाइवे आए हैं। आठ दिन से डंगर के नीचे की कींच नॉय निकरी, तुम्हें अपने काम में सुस्ती काये कू आवै है?"[32] चौधरी बोल रहे हैं—"अरे गे गैया तो उठाइ रहे हैं, भंगी कूं कह के लगे हाथ गोबर और उठवाइ देउ।"[33] चौधरी ने बात बदल कर यह भी कह दिया—"अरे सुनो रे, नांइ खबरि भंगिनियाँ कितनी देर में आवैगी। तुम थोड़े रुकि कें भैंस के नीचे को गोबर कूड़े कूँ इकट्ठौ करकि उवापै एकाद छबरा (टोकरा) मट्टी डारि जाउ। घर-घेर सब बदबू ते भरि गया है। बालकनु कै उल्टी हो जायेगी। जल्दी करो, चारों लग जाउ।"[34] डालचंद बिना कान हिलाए आगे बढ़े और श्यौराज से कहा—"हाँ-हाँ घुस जा। भीतर घुस जा।"[35] श्यौराज ने लिखा है—"और मैं लग गया काम में।"[36]

कहना यही है कि यह आजीवकों की 'नियति' नहीं है, बल्कि उनकी 'दासता' है, जो मिटानी है।

पहले बताया जा चुका है कि दलितों के आजीवक धर्म की विशेषता है कि यह पुनर्जन्म के सिद्धांत में विश्वास नहीं रखता। इसका मतलब है, यह पुरस्कार और दंड को पुनर्जन्म से नहीं जोड़ता। यह नहीं मानता कि अमुक अच्छा कर्म करने से पुरस्कार के रूप में अगले जन्म में राजा के घर में जन्म मिलेगा और अमुक बुरा कर्म करने से दंड के रूप में अगले जन्म में कंगाल के घर में जन्म मिलेगा। आजीवक धर्म अच्छे और बुरे को इसी जन्म में पुरस्कार और दण्ड के रूप में मान्यता देता है। इसलिए, आजीवक धर्म का सारा जोर राज्य और कानून पर होता है। आज के संदर्भ में वह संसद और सुप्रीम कोर्ट को मान्यता देता है।

यूँ कहें कि हमने न्याय व्यवस्था खड़ी कर रखी है। संसार के सभी देशों में इस पर विश्वास किया जाता है। यह मनुष्य की अपनी खोज है और समाज को चलाने के लिए अति आवश्यक है। लेकिन यह भी सोचने की चीज है कि क्या इस संस्था और व्यवस्था के जरिये हम न्याय पाते हैं। सच यह है कि न्याय व्यवस्था हमारे जीवन की एक छोटी अंश भर चीज है। अपराध होते हैं लेकिन अपराधियों को दंड नहीं मिलता। एक अपराध करके वे आराम से समाज में रहते हैं और दूसरे अपराध कारित करते रहते हैं। पहली बात, कई बार अपराध को अपराध नहीं माना जाता। ऐसा कानून ही नहीं बनाया जाता कि किसी दुष्कृत्य को अपराध की श्रेणी में रखा जाए। दूसरी बात, न्याय व्यवस्था खर्चीली बना दी जाती है ताकि समाज के एक तबके की पहुँच से बाहर रहे। न्याय के लिए धन की कमी के रोने रोए जाते हैं। तीसरी बात, न्याय प्रक्रिया साक्ष्य पर आधारित होती है जिसका मिलना हमेशा कठिन होता है। सवाल है, कोई पीड़ित व्यक्ति साक्ष्य कैसे दे सकता है? अगली बात, गवाह गवाही क्यों देगा? उससे भी अगली बात, न्यायाधीश किसी की गवाही को सच्ची क्यों मानेगा?

असल बात—क्या अपराधी एक ही अपराध करता है? नहीं, वह एक अपराध में साक्ष्य मिटाने के सारे दूसरे अपराध भी करता है। साक्षी को अपराधी से लड़ना पड़ता है, पर कोई साक्षी अपराधी से लड़ाई मोल लेने की क्यों सोचेगा? अपराधी ने जिस व्यक्ति को मारा है, वह उसके रिश्तेदार को भी मारेगा। यह भी एक बड़ा कारण है कि अपराधी सत्तासीन वर्ग का व्यक्ति होता है। डॉ. श्यौराज की इस आत्मकथा में ऐसा एक खुला प्रसंग आया है। वे रानी के पति के हत्यारों के बारे में लिखते हैं—"पाँच-छह साल पहले आया था, तभी रानी ने मुझे दिल दहला देने वाली खबर दी थी कि उसके पति को किसी ने गोली मार दी है। वह हत्यारों के बारे में जानती है, पर न उसमें इतनी हिम्मत बची है कि नाम ले सके और न पुलिस व कानून पर यकीन कि जोखिम उठाकर भी उसे इंसाफ मिले।"[37]

यह 'भारतीय साक्ष्य अधिनियम, 1872' का कैसा तमाशा बनाया गया है कि अपराधी बाहर खुला घूम रहा है? इसमें संसद और न्यायालय की क्या भूमिका और अहमियत है? रानी ने इन बड़ी-बड़ी संस्थाओं के बारे में क्या सोचा होगा? जब किसी मुद्दे पर व्यक्तियों के पास संसद और न्यायालय के मुकाबले में ज्यादा जानकारियाँ इकट्ठी हो जाती हैं तो इन संस्थाओं के रूप-परिवर्तन की आवश्यकता हो जाती है। यदि यह सुधार भीतर से नहीं हो पाता है तो बाहर से करना पड़ता है—मनुष्य का विकास रुकता नहीं है। विश्व में राष्ट्रों की राजनीतिक दासताओं का यही इतिहास है।

## संदर्भ


1. भारतीय समाज का ऐतिहासिक विश्लेषण, भगतवशरण उपाध्याय, वाणी प्रकाशन, 21-ए, दरियागंज, नई दिल्ली-110 002, प्रथम संस्करण, 2009, पृ. 99
2. मेरा बचपन मेरे कंधों पर, श्यौराज सिंह बेचैन, वाणी प्रकाशन, 21-ए, दरियागंज, नई दिल्ली-110 002, प्रथम संस्करण, 2009, पृ. 303
3. वही, पृ. 306
4. वही, पृ. 353
5. वही, पृ. 339
6. वही, पृ. 352
7. भारतीय समाज का ऐतिहासिक विश्लेषण, भगतवशरण उपाध्याय, वाणी प्रकाशन, 21-ए, दरियागंज, नई दिल्ली-110 002, प्रथम संस्करण, 2009, पृ. 73-4
8. मेरा बचपन मेरे कंधों पर, श्यौराज सिंह बेचैन, वाणी प्रकाशन, 21-ए, दरियागंज, नई दिल्ली-110 002, प्रथम संस्करण, 2009, पृ. 199
9. वही, पृ. 237
10. वही, पृ. 245
11. वही, पृ. 268
12. वही, पृ. 267
13. वही, पृ. 266
14. वही, पृ. 267
15. वही, पृ. 117
16. वही, पृ. 90
17. वही, पृ. 182
18. वही, पृ. 272
19. वही, पृ. 113
20. वही, पृ. 280
21. वही, पृ. 345-46
22. वही, पृ. 183
23. वही, पृ. 218
24. वही, पृ. 59
25. वही, पृ. 380
26. वही, पृ. 380-81
27. वही, पृ. 381
28. वही, पृ. 254-55
29. कबीर समग्र, द्वितीय खंड, लेखक, प्रो. युगेश्वर, हिंदी प्रचारक पब्लिकेशन्स प्रा. लि., सी-21/30, पिशाच मोचन, वाराणसी-221 010, प्रथम संस्करण, 1997, पृ. 1537
30. कबीर समग्र, प्रथम खंड, संपादक और लेखक, प्रो. युगेश्वर, हिंदी प्रचारक संस्थान, पो. बा. 1106, पिशाच मोचन, वाराणसी-221 010, द्वितीय संस्करण, 1995, पृ. 626
31. मेरा बचपन मेरे कंधों पर, श्यौराज सिंह बेचैन, वाणी प्रकाशन, 21-ए, दरियागंज, नई दिल्ली-110 002, प्रथम संस्करण, 2009, पृ. 380
32. वही, पृ. 379
33. वही, पृ. 379
34. वही, पृ. 380
35. वही, पृ. 380
36. वही, पृ. 380
37. वही, पृ. 248

# अध्याय-5

# यह साहित्य मनोरंजन नहीं है



## क. पेट से उपजता साहित्य

साहित्य क्या होता है? साहित्य से मनुष्य और समाज का कुछ सधता भी है कि नहीं? यह मनोरंजन हो सकता है पर किसका? यदि समाज वर्णों, जातियों, छूतों, अछूतों और वर्गों में विभक्त है तो उन सभी लोगों के मनोरंजन एक से नहीं हो सकते। एक का मनोरंजन दूसरे का रोना हो सकता है। एक आदमी छत्तीस प्रकार के भोजन कर रहा है और दूसरा आदमी भूख से मर रहा है–दोनों की भोजन के बारे में अभिव्यक्ति एक सी नहीं हो सकती। यही स्थिति साहित्य के बारे में है। एक मंदिर के पुजारी का बेटा है, दूसरा बंधुआ मजदूर का बेटा है–दोनों के गायन में फर्क हो जाएगा। जागरूकता की कसौटी यह है कि कौन अपने वातावरण में कितना घुलमिल गया है। यह बालक श्यौराज दिल्ली की बस्तियों में नींबू बेचा करता था। इस बाल महाकवि की कविता इसके नींबुओं में से ही फूट निकलती है :

*रस के भरे, रसीले नींबू, दस के दो, पंद्रह के दो।*
*हँस के लो भाई, हँस के लो।*[1]

जब नींबू के बजाय अण्डे बेचने पड़ रहे हैं तो बाल महाकवि की कविता इन शब्दों का आकार ले लेती है :

*ताजे अण्डे, रुपये के चार,*
*आज नगद लो, कल उधार।*
*अण्डे खाएँ, हों हुशियार*
*जो ना खाएँ, हों बीमार।*[2]

इस बाल मजदूर के कविता लिखने के औजार और साधन क्या थे? मंदिर के खम्भे किस संगमरमर से बने थे? छतों में कौन से झाड़फानूस की श्रीशोभा थी? कमरे में इनकी टेबल पर गुलदस्ता कौन सजाता था? कुर्सी किस विदेश से खरीद कर लाई गई थी? पेन की फोल्ली चांदी की थी या सोने की बनी थी? अंदाज लगाने की जरूरत नहीं है क्योंकि इस बाल कवि ने स्वयं बता दिया है—"वाकया सन् उन्नीस सौ तिहत्तर-चौहत्तर का है। उन दिनों मैं गाँवों में बतौर बाल-मजदूर बेलदारी किया करता था। आसपास के गाँवों में बस्ती के राज मिस्त्रियों के साथ काम पर जाया करता था और उन्हें ईंटें गिलाया पकड़ाता था। उसी साल कमीशन कटा कर सीनियर मिस्त्री के साथ राजगिरी सीखना शुरू हो गया था। परंतु कम उम्र होने के कारण गाँव में मुझे पूर्ण राज के रूप में कोई स्वीकार नहीं करता था। इसलिए मैं मिस्त्रीगिरी गाँव से बाहर ही करता था। उन दिनों मैं जोड़-तोड़कर कुछ गीत और कुछ कविताएँ लिखने की तुकबंदी करने लगा था। मजदूरी करते वक़्त मेरी जेब में एक पेंसिल और एक कागज का टुकड़ा हमेशा पड़ा रहता था।"[3]

इस बाल कवि को संगीत सिखाने कौन आता था? अक्षर ज्ञान कराने वाला शिक्षक कौन था? इन्हें बाग में घुड़सवारी कब कराई जाती थी? नौकर-चाकर दूध कब पिलाया करते थे? रात को सुलाने वाली लोरी कौन-सी हुआ करती थी? उस सबका वर्णन लेखक ने इन शब्दों में किया है—"उन दिनों मेरे गाँव के अधिसंख्य आम लोगों की भांति शिक्षक लोग भी नहीं जानते थे कि मैं साक्षर भी हूँ, या मैंने स्वाध्याय द्वारा कुछ पढ़ना-लिखना भी सीख लिया है, क्योंकि वर्षों से बाल मजूरी करने के अलावा कभी किसी ने मुझे स्कूल के आसपास फटकते हुए भी नहीं देखा था, जबकि रहटें हांकते, खेत काटते, निराई-बुआयी करते, ईंख खोदते, दांय चलाते, गोबर-कूड़े का खाद और भूसा इत्यादि ढोते, हल जोतते हुए पूरे गाँव ने देखा था।"[4]

बालक श्यौराज का मन कवि बनने का था। कवि नहीं, बल्कि आठवीं कक्षा पास करते ही वह महाकवि बनने के सपने देखने लगा था। उसने इसके लिए अपनी मानसिकता को पूरी तरह तैयार कर लिया था। उसने लिखा है—"साहित्यकार संकट में बनते हैं, यह सोचकर अपने कष्टों को योग्यता की शर्तों में जोड़ लिया था।"[5] पर तरीका और साधन वही थे। औजार बदल नहीं पा रहे थे और वातावरण गरीबी की दीवार का था—"काम करते-करते मैं सोचने लगता और कविता की जोड़-तोड़

करने लगता था। सृजन के लिए शुद्ध अवकाश के क्षण मेरे पास नहीं थे और जमीन ऊबड़-खाबड़ थी।"[6]

वह दुनिया की खबरों से वाकिफ हो कर प्रेरित होता जा रहा था। उसके लिए एक खबर इस प्रकार थी–"उन्हीं दिनों युवावेदी में अंगोला के राष्ट्रपति अगास्तीनो नेटो की मृत्यु का सचित्र समाचार छपा था। उनके चित्र के नीचे लिखा था–अंगोला के राष्ट्रपति अगास्तीनो नेटो एक महान क्रांतिकारी कवि थे। कवि शब्द ने मेरा ध्यान खींचा। इसलिए कि वह बात मेरा उत्साहवर्धन करने वाली थी कि कवि राष्ट्रपति भी हो सकता है। तब तक मैंने केवल यही पढ़ा था कि कवि की पहुँच तो बहुत होती है, परंतु वह रहता राजदरबारों के अधीन ही है। उसका व्यक्तित्व नेतृत्वकारी नहीं होता। वे सत्ता के चारण-भाट भर होते थे।"[7]

इस बाल कवि ने शुरू में ही मान लिया था कि साहित्य विलासिता की चीज नहीं है। वह लिखता है–"बेशक मेरे पास सस्ती फुटपाथी किताबें ही अधिक हुआ करती थीं, परंतु अश्लील व अतिशय काल्पनिक साहित्य मुझे कभी नहीं रुचा। ...यह अलग बात है कि रीतिकाल या प्रेम साहित्य के नाम पर काफी कुछ अश्लील साहित्य बाद में कोर्स में आकर मजबूरन पढ़ना पड़ा।"[8] उसके साथ यही दुर्घटना घटी थी। उसने इस दुर्घटना के बारे में लिखा है–"...अपनी कविता में भावुकता, प्रेम और हिंदी के कल्पनावादी कवियों का प्रभाव हावी हो जाने का खतरा बना रहता था। इसलिए कि ये हिंदू वर्णवादी कवि पाठ्य-क्रम में भी घुसे हुए थे, जबकि मैं भावुकता और रोमांस से बचकर यथार्थ का कवि बनना चाहता था। पता नहीं आज तक बन भी पाया हूँ या नहीं। मेरे दिले-अजीज शायरे आजम कैफ़ी आजमी, अली सरदार जाफरी, साहिर लुधियानवी, फ़ैज अहमद फ़ैज इत्यादि ने फिरकापरस्ती, पूँजीवाद के खिलाफ तो पुरजोर आवाज बुलंद की, परंतु साहित्य में फैले ब्राह्मणवाद को नहीं छू सके। शायद इसलिए कि मुसलमानों में से ये लोग भी ताकतवर कौमों में से आये थे। इसलिए ये भी गीतों के सौदागर बन फिल्मों के बाजार में उतर गये।"[9] लेखक ने इसका एक उदाहरण ही दे दिया है जब लिखा है–"इधर रात सर्दीली थी। क्या किसी उर्दू के तरक्की पसंद शायर ने गरम लिहाफ में बैठकर इसी के बारे में लिखा था–"आज की रात बड़ी सर्द हवा चलती है, आज की रात न फुटपाथ पे नींद आयेगी।" पर मेरी तो दूसरी-तीसरी पीढ़ी फुटपाथ पर थी।"[10]

लेखक जब अपनी बिरादरी की संस्कृति का वर्णन करने बैठता है तो वह अनायास ही हिंदी साहित्य में चल रहे राधावाद का खंडन कर जाता है। उसने लिखा है–"इस मामले में मैं चाहे पाली-मुकीमपुर की लड़कियों की बात करूं, नदरोली की लड़कियों का जिक्र करूं, धुरा (प्रेमनगर) की याद करूं या अपनी ननिहाल की लड़कियों का सीमित व मर्यादित संवाद होता था। हमारी जाति में परंपरागत रूप

से लड़के-लड़कियों में दूरी रहती थी। वह दूरी और पवित्र भावना बनाए रखते हुए लड़के-लड़कियों की भेंट हो ही जाती थी। खेलने-कूदने, घास खोदने आदि कामों के लिए किसी भी मोड़ पर इनका मिल जाना स्वाभाविक था। यूँ गाँव बिरादरी की सब बहनें या बड़ी बुआ वगैरह ही होती थीं।''[11]

उसने तस्वीर उतार दी है जब लिखा है—''बचपन में दूसरी जात की लड़की से कोई वास्ता नहीं होता था। ग्रामीण परिवेश में लड़के अलग और लड़कियाँ अलग रहती थीं। परिचित तो अपनी जाति-बिरादरी, गली-मुहल्ले की ही होती थीं। हमारी जात में लड़के-लड़कियों की मित्रता जैसी कोई परंपरा नहीं थी। जिस तरह सम्पन्न वर्ग के बेटे-बेटियों के लिए गर्लफ्रेंड, बॉयफ्रेंड, ड्रीमगर्ल, स्यूटेबल बॉय जैसों का फैशन है, हमारे यहाँ कतई नहीं था। यहाँ हाथ मिलाना, गले लगना-लगाना, चुंबन-आलिंगन तक आम बात है, परंतु हमारे यहाँ न तब कुँआरी लड़की के अंग का स्पर्श कर सकते थे न अब। यहाँ तक कि शादी से पहले तो लड़का अपनी भावी पत्नी तक की झलक नहीं देख सकता था।''[12]

यही हिन्दी साहित्य के राधावाद, भ्रमरगीत और रासलीला का खात्मा है।

जब साहित्य की बात चल रही है तो प्रकृति के ऊपर कहने को, इस लेखक के पास, बहुत कुछ डरावना है। अब तक लोगों ने काव्य में विरहणियों के प्रकृति गीतों को पढ़ा और सराहा है, लेकिन यह बाल श्रमिक सब कुछ को उल्टा कर देता है जब 'उजली रातों' के बारे में इस प्रकार लिखता है—''मेरे आठ आना की मजूरी से सीधा एक रुपया करने वाले मलखान सिंह यादव पहले (लेखपाल) व्यक्ति थे। पर उनके पिता जी मेहनताना बढ़ाने के लिए तैयार नहीं थे। इस प्रतिक्रिया में वे रात देर तक रहटें हंकवाते रहते थे। शुक्ल-पक्ष—अर्थात् उजली रात में तो वे मुझे आधी-आधी रात तक बिना सुस्ताए खटाते रहते थे। इसलिए मैं उजली रातें पसंद नहीं करता था।''[13]

रसिक मिजाज के लोगों का स्वाद बिगड़ सकता है पर उन्हें भी इस नए साहित्य का एक बार रसास्वादन कर लेना चाहिए जो इस कवि ने 'बरसात' के बारे में लिखा है—''बरसात के दिनों से मैं आज तक डरता हूँ। कारण की खोज में इस निष्कर्ष पर पहुँचा हूँ, कि चूंकि बरसात आती थी तो हमें काम नहीं मिलता था और काम न मिलने पर रोटी न मिलने का संकट उपस्थित हो जाता था। यह आवृत्ति बार-बार होने से बरसात के दिन मेरे डर का स्थायी कारण बन गये।''[14]

कौन कालिदास इस साहित्य से स्पर्धा कर पाएगा जिसमें उनके प्राकृतिक सौन्दर्य की 'उजली रातें' और 'बरसातें' इन रूपों में पेश होती हैं?

हिंदी में एक अच्छा मुहावरा है—''पाँचों अंगुलियाँ घी में।'' यह मुहावरा भागवानी का सूचक है। पाँचों अंगुलियाँ घी में तर केवल धनवानों की होती हैं।

लेकिन इस बाल श्रमिक श्यौराज की जानिब से हिंदी में एक नए मुहावरे ने जन्म ले लिया है। हुआ यों कि इस बालक को निकिल कारखाने में हैल्परी का काम मिल जाता है। वहाँ प्लास्टिक के ड्रमों में तेजाब मिश्रित पानी भरा रहता था। उसमें साइकिल, मोटर साइकिल और मशीनों के अनेक तरह के लोहे के पुर्जों को डालकर उनका जंग छुड़ाना पड़ता था। तेजाब में से पुर्जे हाथों से पकड़ कर उठाए जाते थे। उसी प्रक्रिया के लिए लेखक ने शीर्षक दिया है–"दसों उंगलियाँ तेजाब में।"[15] यह हिंदी भाषा में वृद्धि है, योगदान है।

अपनी कविता लिख कर नरोत्तमदास ने सुदामा को 'निर्धन शिरोमणि' सिद्ध कर दिया है। किसी ने ध्यान नहीं दिया कि एक न कमाने वाले व्यक्ति की निर्धनता का प्रचार नहीं किया जाना चाहिए। यह अशोभनीय है कि निठल्ले व्यक्तियों पर चरित काव्य लिखे जाएँ। इसके विपरीत, डॉ. श्यौराज सिंह ने अपने बब्बा की गरीबी का वर्णन करने में एक सही चरित साहित्य लिखा है।

हुआ यों कि सौराज, सौराज की बहन माया, सौराज का छोटा भाई रामभरोसे और सौराज की माँ सूरजमुखी नौरा-बौरा गाँव भेज दिए गए हैं जहाँ राम लाल के साथ सौराज की माँ का पुनर्विवाह हुआ है। सौराज के बब्बा को इसका पता चलता है कि उनकी बहू राम लाल के साथ ब्याह दी गई है। वे नहीं चाहते थे कि ऐसा हो। वे सौराज के नाना के पास चंदौसी गए–"समधी ऐसो काये कूं करो?"[16] सौराज के नाना ने सौराज के दादा को जवाब दिया–"...मैंने जो किया है, सोच-समझकर किया है। बच्चों के पालन-पोषण का और कोई रास्ता नहीं है। आप वापस अपने घर जाओ, इसी में भलाई है।"[17] आगे जो वर्णन है, उस पर सौ 'सुदामा चरित' कुर्बान किए जा सकते हैं। असली साहित्य के वे शब्द इस प्रकार हैं–"लंगड़े बब्बा मेरी ननिहाल से निराश होकर घर लौटने के बजाय हमसे मिलने सीधे नौरा-बौरा पहुँचे। उस समय रामलाल जी घर पर नहीं थे। बब्बा बस्ती की गली में बच्चों से रामलाल का घर पूछ रहे थे। कुएँ से पानी ला रही अम्मा ने पर्दे से देखा और पहचान कर घर ले आयी। माँ उन्हें भिखारियों जैसी बुरी दशा में देखकर फफक-फफक कर रो पड़ी। बब्बा मैला-कुचैला-सा एक अंगोछा शरीर पर बांधे थे। जगह-जगह पैबंद लगी कमीज उनके शरीर पर थी। गुजरे हादसों की स्मृति ताजा हो जाने के कारण माँ रोने लगी। माँ जब रोती थी तो गुजरी मुसीबतों की पूरी करुण कथा सुनाती थी। वह यहाँ दिन-भर मूंज कूटती और बान बुनती थी। उसके साथ-साथ बब्बा भी रोने लगे थे। झुग्गी जैसे उस कच्चे घर में बातें कम और सिसकियाँ ज्यादा भर गयी थीं।"[18]

अब, कहना यह है कि व्यक्तिगत स्तर की गरीबी को मिटाने का उपाय व्यक्ति के पास होता है। हर व्यक्ति का अपनी गरीबी को मिटाने का अपना तरीका

हो सकता है। इसके लिए राज्य की तरफ से कोई सामान्य रामबाण तैयार नहीं किया जा सकता। फिर, कोई स्वयं गरीब रहना चाहे तो उस मामले में हर कोई लाचार हो कर रह जाता है। सुदामा की गरीबी ऐसी ही है। यह उसका अपना वरण है। जब किसी ने कसम खा रखी हो कि वह कमाएगा नहीं, तो इसमें क्या किया जा सकता है? 'बाम्मण को धन केवल भिच्छा'—का यही लब्बोलुबाब है। लेकिन, इसके विपरीत, एक ऐसा समाज खड़ा किया जा सकता है कि जो गरीब आदमी धनवान बनने की ख्वाहिश और काबलियत रखता है, उसे सामाजिक व्यवस्था और कानूनों का विधान रोके ना। खोज यह है कि हिंदू विधान लोगों को आगे बढ़ने से रोकता है। इसे कौन बर्दाश्त करेगा? साहित्य सृजन के लिए हमें सुदामा के समय के श्यौराज के बब्बा को खोजना है।

इस आत्मकथा में अनेक वाक्य ऐसे सृजित हो गए हैं जो साहित्यिक रुचियों के रूप में लोकप्रिय हो जाएँगे। वे हिंदी की धरोहर हैं। हिंदी साहित्य को उन पर नाज रहेगा। बानगी के तौर पर एक अंश यहाँ रखा जा सकता है—"बचपन मैं छोड़ नहीं सकता था और भार लेकर दौड़ नहीं सकता था। जीवन की मंजिलें आवाज दे रही थीं। रास्ते अनिश्चित और अपरिचित थे।"[19]

ब्राह्मण इस देश में हमेशा दुभाषिया और तिभाषिया रहा है। उसने अपनी संस्कृत भाषा को दूसरों को सीखने नहीं दिया और दूसरों की भाषाओं को सीखा है। यदि यह आदान-प्रदान दोनों ओर से समान रूप से चलता कि दूसरे लोग भी संस्कृत भाषा को सीख सकते तो कुछ भी अगम, अगोचर और गलत नहीं होता। लेकिन, भारत के ज्ञात इतिहास में संस्कृत सदा एक कूटभाषा रही है जिस ने आम लोगों के साथ हमेशा षडयंत्र रचे हैं। यह इस देश से बाहर जरूर कहीं न कहीं जनभाषा रही होगी लेकिन इस देश में यह सदा लोक-विरोधी भाषा रही है। कहना यह भी है कि संसार की कोई भी विकसित भाषा उतनी कठिन हो जाती है कि व्याकरण से समझ में नहीं आती। ऐसी किसी भाषा का व्याकरण बनाते समय नियम से ज्यादा अपवाद खड़े करने पड़ जाते हैं। कारण यह होता है कि व्याकरण बनने से पहले भाषा में अनेक जातियों और समूहों के लोग अपनी-अपनी कारस्तानी या योगदान कर गुजरे होते हैं। वैयाकरण के लिए उन विभिन्न मिश्रणों का मेल बैठाना कठिन हो जाता है। संस्कृत ऐसी ही एक भाषा है कि उसे रट कर ही सीखना पड़ता है। यह परेशानी बालक श्यौराज के सामने भी पेश आई थी। उन्होंने संस्कृत के बारे में लिखा है—"संस्कृत के रूप और विभक्तियाँ आदि मुझे याद नहीं रहते थे। उन्हें रट कर याद करना पड़ता था न कि समझकर।"[20]

डॉ. श्यौराज सिंह को संस्कृत भाषा एक फिजूल की भाषा भी लगी है। उन्होंने

माना है कि इसके पढ़ने से कोई फायदा नहीं है। उन्होंने नागरिक शास्त्र की पढ़ाई और संस्कृत साहित्य की पढ़ाई की तुलना करते हुए लिखा है–"नागरिक-शास्त्र के अध्ययन ने मेरे भीतर नागरिक अधिकार और कर्तव्यों का जो बोध जगाया था उससे विचारों में बड़ी शक्ति आयी...वरन् संस्कृत साहित्य तो मुझे कांतिहीन अतीत-जीवी पुरातन वादी बना देता।"[21] यह वैसी ही बात हुई जैसी संस्कृत के बारे में पाँच सौ साल पहले कबीर ने कही थी। उन्होंने संस्कृत और देसी भाषा की तुलना करते हुए कहा था–"कबिरा संस्कृत कूप जल, भाषा बहता नीर।"[22] स्पष्ट है, कबीर ने ऐसा कह कर ब्राह्मणों के पोथी-ज्ञान की हवा निकाल दी थी। तब ब्राह्मण लोग कबीर से किस रूप में बदला लेते? उनका बदला लेने का अपना तरीका था–कि उन्होंने कबीर को अनपढ़ कह दिया। हाँ, अपने युग के सबसे ज्यादा पढ़े-लिखे व्यक्ति को अनपढ़ कह देना–यह कबीर के लिए ब्राह्मणों की दी हुई सबसे बड़ी सौगात और गाली थी।

## ख. अहसास की दौलत दरकिनार

इस पुस्तक में जिस शब्द से चिढ़ पैदा होती है, वह 'सहानुभूति' का है। आत्मकथाकार ने इसे इस रूप में पेश किया है कि 'सहानुभूति' एक बहुत बुरा शब्द है। जो लोग दलितों के पक्ष में 'सहानुभूति साहित्य' लिखने की बात करते हैं, उन्हें इस प्रस्तुति से कुछ सबक लेना चाहिए–और राग अलापना बंद करना चाहिए। जब इस परिवार को भूख लगती है तो रोटी चाहिए, लेकिन कुछ लोग सहानुभूति देने बैठ जाते हैं–जो जिन्दगी की वास्तविकता के सामने सबसे भद्दी मजाक हो जाती है। लेखक ने 'भूख में ढड़ायन' का जहर रांध कर खाने के बाद परिवार के जीवित बचने की स्थिति को व्यक्त करते हुए लिखा है–"अगले दिन सुबह जान बचने की खुशी थी और जिन्दा रहने के लिए घर में खाने को कुछ भी नहीं था। जब हम मरते-मरते बचे तो हमारे जैसे छिके डोरी लाल के घर के लोग सहानुभूति के लिए उपस्थित हो गए थे। लेकिन उनके पास सूखी सहानुभूति थी।"[23]

समस्या जाड़े के दिन काटने की है। श्यौराज के पास सर्दियों में सोने के कपड़े नहीं हैं। यह बात वे मास्टर प्रेमपाल सिंह यादव से कहते हैं जिनके यहाँ वे शिक्षा प्राप्त करने की एवज में बेगार करते हैं। मास्टर ईश्वर की भक्ति में समाधान बताते लगते हैं–"तुम सब काट लोगे, देखो बिना मुसीबत उठाए कोई महान नहीं बनता। श्री कृष्ण भगवान भी जेल ही में पैदा हुए थे। ईश्वर पर भरोसा रखो और साहस से काम लो।"[24] तब लेखक का कहना है कि मुझे सर्दी के दिन काटने हैं, इसमें महान

और गैर-महान बनने का प्रश्न कहाँ था मेरे सामने? लेकिन प्रेमपाल सिंह यादव ने इस शाब्दिक हमदर्दी व्यक्त करने के अलावा खेतों पर कराए गए कामों की मजूरी के बदले की उनकी आर्थिक मदद नहीं की।[25] लेखक ने अपने मास्टर से कहा था—"हिम्मत से तो मैं काम ले ही रहा हूँ। परंतु सर्दी तो कपड़ों के बजाय केवल हिम्मत दिखाने-भर से नहीं भागेगी। कुछ तो करना होगा। सर्दी के लिए भी और पेट की भूख के लिए भी।"[26]

सच बात है, इस शाब्दिक सहानुभूति की कहानी को बताने के लिए एक श्यौराज बालक बच गया, जाने कितने लोग सर्दी में बिना कपड़ों के प्रबंध के मर जाते हैं, उनका हिसाब नहीं है। इस पुस्तक में, दो गरीब लोगों की लू लगने से मौत हुई ही है। वे कोई और नहीं, लेखक के ताऊ के बेटे हैं। उम्र में दोनों लेखक से छोटे हैं। लेखक ने उनके बारे में लिखा है—"...उस (रोशन) की मौत...पूर्व प्रधान राम स्वरूप यादव के खेत पर काम करते वक़्त लू लगने से हुई। पूरन की मौत भी यादवों के खेतों पर काम करते हुए लू लगने से हो गई थी।"[27]

यह उस सहानुभूति की बात है कि जिसे महज सूखी कहा जा रहा है, ब्राह्मण की दलित के प्रति दिखाई गई सहानुभूति तो 'छल और कपट कौ अंग' की होती है—उसे क्या कहा जाए? भगवान ऐसे 'सहानुभूति साहित्य' से बचाए जो दलितों के बारे में ब्राह्मण लिखने का ढोंग करते और दंभ भरते हैं।

हिंदुस्तान में कोई लेखक इस गरीबी को ढूंढ़ कर नहीं लाया जो श्यौराज सिंह बेचैन अपनी आत्मकथा 'मेरा बचपन मेरे कंधों पर' में लाए हैं। गरीबी को ले कर किया गया कोई सरकारी या गैर-सरकारी सर्वे हमें उन तथ्यों से रूबरू नहीं करा सका जो इस पुस्तक में हुए हैं। इस मामले में यह पुस्तक सरकारी, गैर-सरकारी और लेखकों के अब तक किए गए सारे प्रयत्नों को एक साथ पीछे छोड़ रही है। हिंदुस्तान के जाने-माने लेखक विदेशों में जा कर वहाँ के तथ्य और आँकड़े इकट्ठे करके लाते हैं, लेकिन उनकी आँखें उन सच्चाइयों के प्रति मिची रहती हैं, जो इस आत्मकथा के द्वारा उद्घाटित हुई हैं। कोई सहानुभूतिकार अपने पाठकों को समाज के ताने-बाने में बिखरे हुए इस दुख से साक्षात्कार नहीं करा सका जो यहाँ उजागर हुआ है। सहानुभूतिकार इस दुख को देखने से नाक-भौंह सिकोड़ते रहे हैं। इन साहित्यकारों की क्या कही जाए?—दुख को आधार बना कर घर को छोड़ने वाले बुद्ध को भी इस दुख का कभी ज्ञान नहीं हुआ जो इस आत्मकथा में वर्णित है। बुद्ध राजमहल के दुख बता सकते थे, पर वे दुख ऐसे नहीं थे, जो यहाँ व्यवस्था पर फोड़े-फुंसी बन कर उभरे हैं। राजमहल को छोड़ने पर बुद्ध की और बुद्ध के अनुयायी भिक्षुओं की भिक्षा भी राजाओं के यहाँ से आती थी या सेठों के उपवनों में उनकी पंगत लगती

थी। जाने बुद्ध कौन से दुख को गा गए कि जन्म ही दुख है?–पुनर्भव को रोको–तृष्णा का नाश करो–निर्वाण प्राप्त करो। इस देश के प्राचीन और अर्वाचीन महानुभावो, इस आत्मकथाकार की सुनो, कि यहाँ तृष्णा की बात नहीं है, पेट की आग है, रोटी की बात है। किस शंकराचार्य को ऐसी ठंड लगी है जो इस बच्चे को लगी है? इसीलिए, हिंदुओं के आचार्यों के पास उस समस्या का समाधान नहीं है जो भूख और गरीबी से उपजती है। यह वह गरीबी है जिसका समाधान बुद्ध की तरह घर को छोड़ कर जंगल में भागने से नहीं मिलता। बुद्ध का घर को छोड़ना इस देश में एक फैशन है, भूख और गरीबी, बेगार और गुलामी के दुखों से टकराना नहीं। बुद्ध घर को छोड़ सकते थे क्योंकि उनका घर था, आजीवक धर्म के संस्थापक मक्खलि गोसाल गुलाम थे, इसलिए उन्हें भागना पड़ा था, उनका कोई घर नहीं था।

ऐसा एक प्रकरण इस पुस्तक में आया है कि मक्खलि गोसाल दासता से कैसे मुक्त हुए होंगे। उसका शीर्षक 'स्वराज, नहीं छोड़ेंगे' है। स्थान बाजपुर का है। स्वराज का मालिक एक सरदार है। स्वराज के साथ उसकी माँ भी हैं। स्वराज की माँ बर्तन-भांडे पोटली में बांध कर स्वराज से कहती हैं–"चलो बेटा गाँव कूं चलें।"[28] इस पर सरदार मालिक कहता है–"हमने इसे (स्वराज को) इसलिए काम पर रखा था कि स्वराज बड़ा हो जाएगा तो बाबूराम (एक अन्य) की जगह पेशगी लेकर नब्बे रुपए महीने पर हमारे ढोर-ढंगर पालेगा। अब पाँच-दस साल बाद जब बाबूराम बूढ़ा हो जाएगा तो हम दूसरा नौकर कहाँ से लाएँगे।"[29] आत्मकथाकार ने लिखा है–"सरदार ने समझाया भी और धमकाया भी कि मैं पुलिस को बोलकर तुम्हारे हाथ-पैर तुड़वा दूँगा...वरना लौटकर जाने का कभी नाम नहीं लेना, समझे स्वराज।"[30] लेखक ने लिखा है–"अब हम लोग झोंपड़ी से निकलकर दस कदम चले ही थे कि सरदार के बेटे ने मोटर साइकिल हमारे सामने लाकर रोक दी।"[31] सरदार ने प्रस्ताव रखा था कि स्वराज की माँ चली जाए पर स्वराज नहीं जाएगा। इस पर, स्वराज की माँ ने सरदार से कहा था–"मैं अपने दस-बारह साल के जीवाक कूं कहाँ अकेलो छोड़ि कें जाऊँगी? मरि जाऊँगी पर छोड़िके नांय जाऊँगी... मैंने कोई कर्ज नांय बढ़ाओ है अपने ऊपर।"[32] तब सरदार ने कहा था–"तुम खुशी से छोड़ जाओगी तो अच्छा रहेगा, नहीं तो स्वराज को तो हम जबरदस्ती भी रोकेंगे।"[33]

उस रात स्वराज और स्वराज की माँ ने अपनी झुग्गी में बैठ कर, अपनी ठुड्डियाँ ऊपर कर, दार्शनिकों की तरह सोच-विचार किया। वह इस प्रकार है–"सरदार मोइ नांय छाड़ंगे अम्मा! लगता है जैसे रामा के आदमी और बेटा-बेटी उमर भर कू बंधुआ हैं तैसे ही मैऊ हमेशा कूं बंधुआ रहंगो, कबऊ छूटि नांय

**पाउंगो।" "बेटा छूटि तो तू जाइगो, फिर छूटिकें जाइगो कहाँ? गाम में हू तोइ मजूरी कन्नी है, शहर में हू। शहर में करि या गाम में, है तेरे हिस्सा में गुलमइ ही। पर यहाँ दूर इकलो कैसे रहेगो"** रोजी-रोटी का यह समाधान मुझे जम नहीं रहा था। "तू छोड़ि जा अम्मा।" "नांय मैं इकलो नांय छोड़ऊँगी तोय।" "तू चली जाइगी तो मैं रात-बेरात भागि आउंगो।" "सरदार गोली मरवाइ देगो। मारि के फेंकि देगो जंगल में, तेरी लाश। जो मत समझि के जे जमीन-जायदाद बारे जानबन्नु को ही शिकार कत्त हैं। असली शिकार तो इनके हम मेहनती मजूर हैं बेटा!" अम्मा अनजाने में मुझे शोषक-सामंतों का चरित्र समझा रही थी। अनुभव का मार्क्सवाद। "काउ दिन जब निर्मल मेरे कंधा पै बंदूक धरैगो मैं ईख-ईख भाग जाऊँगो डाकू-चोर की तरह।" मैंने कहा।"[34]

मक्खलि गोसाल और श्यौराज सिंह की इस दासता से मुक्ति के मुकाबले में बुद्ध किस निर्वाण, महावीर किस कैवल्य और शंकर किस मोक्ष की बात कर रहे हैं?

## ग. अपराधी कौन?[35]

श्यौराज सिंह बेचैन की आत्मकथा 'मेरा बचपन मेरे कंधों पर' पर 'जनसत्ता' (1 नवंबर, 2009) में उमाशंकर चौधरी की एक समीक्षा छपी है। इसी पुस्तक पर बजरंग बिहारी तिवारी की समीक्षा 'कथादेश' के दिसंबर, 2009 के अंक में छपी है। इन समीक्षाओं के बारे में क्या कहा जाए?

सोचता हूँ, उमाशंकर चौधरी और बजरंग बिहारी तिवारी को इस पुस्तक में क्या मिला? उत्तर है, उन्हें कुछ भी नया नहीं मिला। जो श्यौराज सिंह बेचैन ने इस पुस्तक में सच्चाई लिखी है, उसे गाँव और शहर के ये दोनों चौधरी और तिवारी पहले से जानते हैं। गाँव में बालक श्यौराज का जीवन किसी से छिपा नहीं है। क्या इससे पहले, भंगी जाति के ओमप्रकाश वाल्मीकि के दारुण दुखों को और सूरजपाल चौहान के जीवन के कठिन हादसों को गाँव के मुकद्दम और जमीदार नहीं जानते हैं? वे खूब जानते हैं, क्योंकि वे ही उन दुखों और हादसों के कारक हैं। इसलिए, इन समीक्षाओं में हुआ कुछ नहीं है, गाँव से गुत्थमगुत्था करते-करते बेगारी और जमीदार के बालक राजधानी दिल्ली के साहित्यिक अखाड़े में उतर आए हैं।

'मेरा बचपन मेरे कंधों पर' लिखी अपनी-अपनी समीक्षाओं में इन चौधरियों और तिवारियों ने इस पुस्तक को इसी रूप में लपक लिया है कि यह लड़ाई यहाँ भी जारी है। इसलिए, श्यौराज सिंह बेचैन यह न समझ लें कि यह पुस्तक लिखने

से उनका संघर्ष पूरा हो गया है। यह उनकी आरंभिक और आंशिक सफलता है। उनकी सफलता अंतिम और पूरी तब मानी जाएगी जब वे गाँव के चौधरियों और तिवारियों की तरह दिल्ली के इन चौधरियों और तिवारियों को भी हरा देंगे। ये चौधरी और तिवारी उनके पीछे गाँव से ही लपेट और झपेट के रूप में लगे हुए हैं। श्यौराज सिंह ने सोचा होगा कि दिल्ली में साहित्यिक संस्कारों की वजह से वैचारिक स्तर पर कुछ बदल गया होगा—लेकिन उनका सोचना गलत साबित हुआ।

कहना यह है कि श्यौराज सिंह बेचैन ने दिल्ली के बजरंग बिहारी तिवारी नाम के समीक्षक को अपने बचपन में भी देखा है। तब इन बजरंग बिहारी तिवारी का नाम 'मेरा बचपन मेरे कंधों पर' में 'महेंद्र शर्मा' है। श्यौराज ने महेंद्र शर्मा की तुरुप चालों को समझते हुए लिखा है—"अब मुझे कसेर के मोचीगिरी वाले दिन याद आने लगे। महेंद्र शर्मा ने अतरौली के दो मोचियों रामस्वरूप और मंगत...को अपनी दुकान के सामने मेरे बराबर बिठा दिया था। वे मेरा धंधा पीटना चाहते थे।"[36]

अब दिल्ली में बैठे ये समीक्षक क्या कर रहे हैं? ये श्यौराज सिंह बेचैन के सामने ओमप्रकाश वाल्मीकि और सूरजपाल चौहान को लड़ा-भिड़ा रहे हैं। सिफ्त यह है कि ये समीक्षक ओमप्रकाश वाल्मीकि और सूरजपाल चौहान को यह पता नहीं चलने दे रहे हैं कि हिंदुस्तान में दो सौ से ज्यादा विश्वविद्यालय हैं और एम. ए. के पाठ्यक्रम में आठ पर्चे होते हैं। तब श्यौराज सिंह बेचैन के साथ-साथ ओमप्रकाश वाल्मीकि और सूरजपाल चौहान के साहित्य को लगाने के बाद भी दलित साहित्यकारों की ढूंढ़ और कमी पड़ी रहेगी।

पर, इन समीक्षकों का काम है, दलित साहित्यकारों को आपस में लड़ाना। भगवान जाने, कुछ लोग कैसी बुद्धि ले कर पैदा होते हैं? यहाँ से वहाँ तक छाए अमन-चैन में भेदभाव और अंतर की आग लगाते फिरते हैं। ओमप्रकाश वाल्मीकि और सूरजपाल चौहान को पता ही नहीं है कि यह प्रेमचंद और हजारी प्रसाद द्विवेदी को हटा कर उनकी प्रशंसा नहीं की जा रही है। लेखकों को बहुत अक्ल होती है, लेकिन यह अक्ल नहीं होती कि यह जान पाएँ कि उनका इस्तेमाल कैसे हो रहा है।

महेंद्र शर्मा को कब खुशी होती है? समय वह है जब लोधे जाति के लोग श्यौराज को पीट रहे हैं। श्यौराज सिंह बेचैन ने लिखा है—"मेरे सबसे नजदीक महेंद्र शर्मा और उनका साला रामचंद्र शर्मा था। पर वे मुझे बचाने के बजाय मन ही मन व्यंग्यात्मक कुटिल हँसी हँस रहे थे। कारण यह कि वे पहले से ही मुझसे चिढ़े रहते थे, क्योंकि मैं उन्हे न तो पांय लागन कहता था और न उनकी बातों पर विश्वास। वे लोधियों को ही चढ़ाने लगे—"अरे बहुत सिर चढ़ा लड़का है। मुँहजोरी करता है।

रैदास रामायण क्या हाथों में पकड़ ली है, ब्राह्मणों से शास्त्रार्थ करने का दंभ भरता है। जाने कहाँ से रैदास, कबीर की फुटपाथी किताबें उठा लाता है। कहीं जूता-पॉलिश करने वाले भी ग्रंथ पढ़ा करते हैं।' '[37]

महेंद्र शर्मा के लिए श्यौराज सिंह के और भी गुनाह थे। वे इस प्रकार थे–"मैं शराफत (मुसलमान) के यहाँ से रोज गुजिया क्यों खाता हूँ? चाय या कभी-कभी कड़ाही का दूध उसी से क्यों पीता हूँ? ईद पर मुसलमानों की सेमरी और मटन क्यों खाता हूँ।"[38]

महेंद्र शर्मा के सामने ये श्यौराज के बाल-जीवन के अपराध हो गए, बजरंग बिहारी तिवारी के सामने प्रौढ़ श्यौराज सिंह बेचैन के कौन से अपराध हैं? बजरंग बिहारी तिवारी की सोच का यह हाल तब है जब 'जनसत्ता' में (4 नवंबर, 2007) 'मेरी पत्नी और भेड़िया' शीर्षक से मेरा लेख छप चुका है।

## घ. सही राह पर मूल्यांकन

इस आत्मकथा को पढ़ कर कई द्विज लेखकों के मन में एक समझ बनी है, जो अच्छा संकेत है, कि वे दलित साहित्य नहीं लिख सकते। अरुण कुमार त्रिपाठी ने 21 जनवरी, 2010 के अपने ब्लाग में लिखा है–"शायद हम सवर्ण बिरादरी के लोग यह समझ ही नहीं सकते कि किसी दलित का संघर्ष कैसा होता है।"[39] उन्होंने ऊपर के वाक्य में आए शब्द 'शायद' को बिल्कुल पीछे लाते हुए अर्थ गंभीर कर दिया है, जब लिखा है–"...श्यौराज ने इस देश की जाति व्यवस्था का बोझ जिस तरह उठाया वह या तो वे ही उठा सकते थे या उनकी बिरादरी में पैदा होने वाले लोग। अनाथ होकर अस्पृश्यता और गरीबी के अभिशाप को ढोना कितना भारी होता है इसकी वास्तविक अनुभूति श्यौराज ने की है हम तो उसकी फोटोकॉपी ही कर सकते हैं। शायद्र वह भी नहीं।"[40] उन्होंने ईमानदारी से स्वीकार किया है कि इस आत्मकथा का कथ्य उनकी कल्पनाओं से परे की चीज है। वे लिखते हैं–"यह आत्मकथा है कोई उपन्यास नहीं। पर किसी उपन्यास से ज्यादा रोचक है और जो चीजें हमारी कल्पनाओं से ओझल हो गई थीं वे साक्षात सामने खड़ी हो जाती हैं।"[41]

डॉ. श्यौराज सिंह बेचैन की इस आत्मकथा की यह अरुण कुमार त्रिपाठी द्वारा लिखी अकेली प्रशंसा नहीं है, इससे पहले विभांशु दिव्याल की नजर भी स्पष्ट रही है। उन्होंने अपने लेख 'मेरा बचपन मेरे कंधों पर : चेतना को चीरता बचपन' में

लिखा है—"श्यौराज सिंह बेचैन की यह कृति 'मेरा बचपन मेरे कंधों पर' हिंदी दुनिया में किस तरह ग्रहण की जाएगी, नहीं पता लेकिन हिंदी में कोई ऐसी दूसरी किताब है यह कम-अज-कम मेरी जानकारी में नहीं है।"[42] उन्होंने गर्व से लिखा है—"हो सकता है यह मेरा दुराग्रह हो लेकिन अगर मैं इसके सामाजिक-राजनैतिक महत्व से इतर इसका साहित्यिक मूल्यांकन करूं तो कह सकता हूँ कि इसके बाद श्यौराज सिंह बेचैन भले ही एक अक्षर न लिखें यह कृति उन्हें अमरत्व देने के लिए काफी है।"[43] विभांशु दिव्याल ने अपने इस लेखक में सवर्णों के संबंध से वह बात भी लिख दी है जो उन्हें लिखनी ही चाहिए थी—"अगर डॉ. श्यौराज सिंह की जगह बचपन की पठन-पाठन यात्रा के ऐसे कष्ट किसी सवर्ण लेखक की कलम से आए होते तो उसे निर्विवाद प्रेरणा पुरुष के रूप में प्रतिष्ठित कर दिया जाता।"[44] लेकिन, क्या किया जाए?—किसी सवर्ण लेखक की पठन-पाठन की यात्रा ऐसी कष्टमयी नहीं होती है, यही अंतर है।

मुझे पता चला है कि विभांशु दिव्याल ने इस पुस्तक के बारे में यह भी कहा है—"यदि हमें कहीं इस पुस्तक के दो-चार पृष्ठ ही मिल जाते तो हम धन्य-धन्य हो जाते, पर यहाँ श्यौराज सिंह बेचैन ने चार सौ से ज्यादा पृष्ठ दे दिए हैं।" सच बात है, यह प्राप्ति नहीं तो क्या है?

महाश्वेता देवी ने भी इस पुस्तक के बारे में अपनी बात ठीक रख दी है। जो निष्कर्ष निकल कर आया है, वह इस प्रकार है—"यदि आप इस देश में दलितों का प्रामाणिक आईना देखना चाहते हैं तो इन किताबों से गुजरना ही होगा।"[45] डॉ. ललिता कौशल ने अपनी पुस्तक 'हिंदी की दलित आत्मकथा' में 'मेरा बचपन मेरे कंधों पर' विचार किया है। उन्होंने सहानुभूति और स्वानुभूति में अंतर बताते हुए 'अपनी बात' के शीर्षक के अंतर्गत लिखा है—"समाज में सदियों से दलित समस्या के चलते दलितों के साथ हुए अमानवीय अत्याचारों पर गैर-दलित समाज के लेखक केवल अनुमान लगाते रहे हैं। इस समस्या का पूर्णरूपेण चित्रण दलित आत्मकथाओं में दिखाई देता है।"[46] उन्होंने इस पुस्तक के बारे में खासमखास लिखा है—"...बचपन का ऐसा दिल दहला देने वाला, पाठक को सारे राग-द्वेष भुला कर रुला देने वाला अनुभव मैंने अभी तक नहीं पढ़ा।"[47]

यह स्वानुभूति और सहानुभूति का अंतर दूर तक चलता जाता है। कैलाश दहिया ने एक दलित समीक्षक के नाते सही लिखा है—"उन (श्यौराज सिंह बेचैन) के जीजा की दिल्ली के अस्पताल में मृत्यु एवं बेचैन और उनकी माँ को अड़ोसी-पड़ोसियों से कफन के लिए नाममात्र के पैसे मिलना। प्रेमचंद की 'कफन' कहानी के पात्रों के विपरीत वास्तविक जीवन में घटी इस 'कफन' कहानी में पात्र चन्दे से शराब नहीं

पीते, बल्कि उन चंदा देने वालों का अहसान उतारने की सोचते हैं। यहाँ सहानुभूति और स्वानुभूति के भेद को साफ तौर पर देखा जा सकता है।''[48] इस पक्ष को मैंने अपनी पुस्तक 'प्रेमचंद की नीली आँखें' में विस्तार से रखा है।[49]

कैलाश दहिया ने सही लिखा है कि द्विज लेखक भारत के बारे में असली सच नहीं लिख पाते हैं। वे जवाहर लाल नेहरू की पुस्तक से तुलना करते हुए लिखते हैं—''बेचैन की आत्मकथा असल में नेहरू की 'डिस्कवरी ऑफ इंडिया' का गुम हो गया सबसे बड़ा अध्याय है, जो सौभाग्य से श्यौराज ने ढूंढ़ लिया है। अब असल में 'भारत की खोज' को पूर्ण माना जा सकता है।''[50] उन्होंने गांधी जी की आत्मकथा की ओर संकेत करते हुए लिखा है—''असल में आत्मकथाओं के नाम पर 'सत्य के प्रयोग' तो बहुत किए गए हैं, लेकिन सच क्या है उसे बताने से सब कतराते रहे हैं। बेचैन ने तो सच को नंगा ही सामने ला दिया है।''[51] दहिया ने विभांशु दिव्याल की इस गंध को सही साबित किया है कि यह कृति हिंदी दुनिया में किस तरह ग्रहण की जाएगी, नहीं पता। दहिया ने विभांशु दिव्याल के शब्दों को वजन देते हुए लिखा है—''स्वाभाविक है ऐसे प्रसंगों से उथल-पुथल तो मचेगी ही। कोई सच को देखने से ही इनकार कर देगा तो कोई सच को मानने तक से। कोई आँखें बंद कर लेगा तो कोई आँखें चुरा ही लेगा। कोई सच को ढांकने की कोशिश करेगा।''[52]

गड़बड़ इसलिए हो रही है कि स्वानुभूति और सहानुभूति के अंतर को असली फलक पर नहीं समझा जा रहा है। सही संदर्भ धर्मों की भिन्नता का है। यह धार्मिक पृथकता है जो सहानुभूति को स्वानुभूति से अलग बीनती है। कोई हिंदू किसी मुसलमान के मन-मस्तिष्क को अभिव्यक्त नहीं कर सकता। गैर-दलित लेखक दलित साहित्य इसलिए नहीं लिख सकता क्योंकि दलित और गैर-दलित के धर्म अलग हैं। राजेन्द्र बड़गूजर ने एक दलित लेखक होने के नाते श्यौराज सिंह बेचैन की इस पुस्तक के बारे में दो टूक बात कह दी है, जब लिखा है—''लेखक (श्यौराज सिंह बेचैन) ने दलितों की संस्कृति को जिया और आत्मकथा में आद्योपांत उसका वर्णन किया। लेखक के अनुसार दलित हिंदुओं से भिन्न हैं... ।''[53]

एक दिन मैं अल्लामा अनवर साबरी से सहानुभूति के बारे में बात कर रहा था। उन्होंने मुझसे मानो श्यौराज सिंह बेचैन बन कर ही कहा था :

अहसास की दौलत है मेरी जीस्त का हासिल,
अहसास की दौलत पै गुजारा भी नहीं है।

## संदर्भ


1. मेरा बचपन मेरे कंधों पर, श्यौराज सिंह बेचैन, वाणी प्रकाशन, 21-ए, दरियागंज, नई दिल्ली-110 002, प्रथम संस्करण, 2009, पृ. 222
2. वही, पृ. 230 3. वही, पृ. 300 4. वही, पृ. 301
5. वही, पृ. 349 6. वही, पृ. 349 7. वही, पृ. 413
8. वही, पृ. 280 9. वही, पृ. 414 10. वही, पृ. 271
11. वही, पृ. 180 12. वही, पृ. 179-80 13. वही, पृ. 306
14. वही, पृ. 273 15. वही, पृ. 234 16. वही, पृ. 34
17. वही, पृ. 35 18. वही, पृ. 35 19. वही, पृ. 41
20. वही, पृ. 389 21. वही, पृ. 388-89
22. कबीर समग्र, प्रथम खंड, संपादक और लेखक, प्रो. युगेश्वर, हिंदी प्रचारक संस्थान, पो. बा. 1106, पिशाच मोचन, वाराणसी-221 010, द्वितीय संस्करण, 1995, पृ. 434
23. मेरा बचपन मेरे कंधों पर, श्यौराज सिंह बेचैन, वाणी प्रकाशन, 21-ए, दरियागंज, नई दिल्ली-110 002, प्रथम संस्करण, 2009, पृ. 46
24. वही, पृ. 373 25. वही, पृ. 373 26. वही, पृ. 373
27. वही, पृ. 290 28. वही, पृ. 152 29. वही, पृ. 152
30. वही, पृ. 152 31. वही, पृ. 152 32. वही, पृ. 152
33. वही, पृ. 152 34. वही, पृ. 153
35. अपराधी कौन, डॉ. धर्मवीर, जनसत्ता, दिल्ली संस्करण, 17 जनवरी, 2010, पृ. 7
36. मेरा बचपन मेरे कंधों पर, श्यौराज सिंह बेचैन, वाणी प्रकाशन, 21-ए, दरियागंज, नई दिल्ली-110 002, प्रथम संस्करण, 2009, पृ. 285
37. वही, पृ. 264 38. वही, पृ. 285
39. http://blogs.livehindustan.com/coffee–house/2010/01/21
40. वही 41. वही
42. मेरा बचपन मेरे कंधों पर : चेतना को चीरता बचपन, विभांशु दिव्याल, सम्यक भारत, सी 1/98, रोहिणी सेक्टर-5, नई दिल्ली-110 085, अक्टूबर, 2009, पृ. 36
43. वही, पृ. 38 44. वही, पृ. 38
45. योद्धा बने हर दलित, महाश्वेता देवी, रविवासरीय हिंदुस्तान, नई दिल्ली संस्करण, 6 दिसंबर, 2009
46. हिंदी की चर्चित दलित आत्मकथाएँ, डॉ. ललिता कौशल, साहित्य संस्थान, ई-10/660, उत्तरांचल कालोनी (निकट संगम हाल), लोनी बोर्डर, गाजियाबाद,

उत्तर प्रदेश, प्रथम संस्करण, 2010, पृ. 7

47. वही, पृ. 25

48. दुखों से सिलसिलेवार गुजरने की कथा, कैलाश दहिया, नई धारा, सूर्यपुरा हाउस, बोरिंग रोड, पटना-800 001, दिसंबर-जनवरी, 2010, पृ. 96

49. प्रेमचंद की नीली आंखें, डॉ. धर्मवीर, वाणी प्रकाशन, 21-ए, दरियागंज, नई दिल्ली-110 002, प्रथम संस्करण, 2010, पृ. 304-07

50. दुखों से सिलसिलेवार गुजरने की कथा, कैलाश दहिया, नई धारा, सूर्यपुरा हाउस, बोरिंग रोड, पटना-800 001, दिसम्बर-जनवरी, 2010, पृ. 98

51. वही, पृ. 98 52. वही, पृ. 98

53. ब्राह्मण सुदामा से बड़ी कथा है आजीवक श्यौराज की : विपन्न होने की इन्तेहां है—'मेरा बचपन मेरे कंधों पर', राजेन्द्र बड़गूजर, बहुरि नहिं आवना, के-6, यमुना अपार्टमेंट, होली चौक, देवली, नई दिल्ली-110 062, जनवरी-मार्च, 2010, पृ. 26

# संदर्भ साहित्य

## I. हिंदी पुस्तकें

1. कबीर की प्रासंगिकता, संपादक, विवेकदास, कबीर वाणी प्रकाशन केन्द्र, सतगुरु कबीर मंदिर, कबीर चौरा मठ, वाराणसी-1, संस्करण, 1978
2. कबीर समग्र, प्रथम खंड, संपादक और लेखक, प्रो. युगेश्वर, हिंदी प्रचारक संस्थान, पो. बा. 1106, पिशाच मोचन, वाराणसी-221 010, द्वितीय संस्करण, 1995
3. कबीर समग्र, द्वितीय खंड, लेखक, प्रो. युगेश्वर, हिंदी प्रचारक पब्लिकेशंस प्रा. लि., सी-21/30, पिशाच मोचन, वाराणसी-221 010, प्रथम संस्करण, 1997
4. दलित चिंतन का विकास : अभिशप्त चिंतन से इतिहास चिंतन की ओर, डॉ. धर्मवीर, वाणी प्रकाशन, 21-ए, दरियागंज, नई दिल्ली-110 002, प्रथम संस्करण, 2008
5. प्रेमचंद की नीली आंखें, डॉ. धर्मवीर, वाणी प्रकाशन, 21-ए, दरियागंज, नई दिल्ली-110 002, प्रथम संस्करण, 2010
6. बहुजन डाइवर्सिटी मिशन का घोषणापत्र, एच. एल. दुसाध, बहुजन डाइवर्सिटी मिशन, 149/9, किशनगढ़, नई दिल्ली-110 070, प्रथम संस्करण, 2009
7. भारतीय समाज का ऐतिहासिक विश्लेषण, भगवत शरण उपाध्याय, वाणी प्रकाशन, 21-ए, दरियागंज, नई दिल्ली-110 002, आवृत्ति, 2009
8. मेरा बचपन मेरे कंधों पर, श्यौराज सिंह बेचैन, वाणी प्रकाशन, 21-ए, दरियागंज, नई दिल्ली-110 002, प्रथम संस्करण, 2009
9. राम राज्य न्याय नाटक : शम्बूक-मुनि-बलिदान, लेखक, आदि हिंदू आन्दोलन के प्रवर्तक श्री 108 स्वामी अछूतानंद जी हरिहर, बहुजन कल्याण प्रकाशन, 360/103, मातादीन रोड, सआदत गंज, लखनऊ-226 003, 11वीं बार, 1995
10. हिंदी की चर्चित दलित आत्मकथाएँ, डॉ. ललिता कौशल, साहित्य संस्थान, ई-10/660, उत्तरांचल कालोनी (निकट संगम हाल), लोनी बोर्डर, गाजियाबाद,

उत्तर प्रदेश, प्रथम संस्करण, 2010

## II. हिंदी पत्र-पत्रिकाएँ

1. अपराधी कौन, डॉ. धर्मवीर, जनसत्ता, दिल्ली संस्करण, 17 जनवरी, 2010, पृ. 7
2. उतरन का चलन, सुधीर चंद्र, जनसत्ता, दिल्ली संस्करण, 14 फरवरी, 2010
3. डीएनए टेस्ट से जाति प्रमाणपत्र की जांच, हिंदुस्तान, नई दिल्ली संस्करण, 29 जनवरी, 2010, पृ. 13
4. दुखों से सिलसिलेवार गुजरने की कथा, कैलाश दहिया, नई धारा, सूर्यपुरा हाउस, बोरिंग रोड, पटना-800 001, दिसंबर-जनवरी, 2010
5. ब्राह्मण सुदामा से बड़ी कथा है आजीवक श्यौराज की : विपन्न होने की इन्तेहां है—'मेरा बचपन मेरे कंधों पर', राजेन्द्र बड़गूजर, बहुरि नहिं आवना, के-6, यमुना अपार्टमेंट, होली चौक, देवली, नई दिल्ली-110 062, जनवरी-मार्च, 2010
6. भट्टों से छुड़वाए जाएँ बंधुआ मजदूर, हिंदुस्तान, नई दिल्ली संस्करण, 13 फरवरी, 2010, पृ. 4
7. मेरा बचपन मेरे कंधों पर : चेतना को चीरता बचपन, विभांशु दिव्याल, सम्यक भारत, सी 1/98, रोहिणी सेक्टर-5, नई दिल्ली-110 085, अक्टूबर, 2009, पृ. 36
8. योद्धा बने हर दलित, महाश्वेता देवी, रविवासरीय हिंदुस्तान, नई दिल्ली संस्करण, 6 दिसंबर, 2009
9. वजूद की तलाश, उमा शंकर चौधरी, जनसत्ता, दिल्ली संस्करण, 1 नवंबर, 2009
10. विरासत, हॉर्डिंग कार्टर, हिंदुस्तान, नई दिल्ली संस्करण, 19 दिसंबर, 2009, पृ. 10

## III. English Books

1. History and doctrines of the Ajivikas : A Vanished Indian Religion, A.L. Basham, Luzac & Company Ltd., 46, Great Russel Street, London, W.C. 2, Edition 1951

## IV. English Newspaper

1. NCP Opposes DNA Tests for Caste Verification, The Hindu, Delhi Edition, 29 January, 2010, p. 13

## V. Websites

1. http://blogs.livehindustan.com/coffee–house/2010/01/21

# डॉ. धर्मवीर के दलित संबंधी साहित्य पर बहस


**I. हिंदी**

1. डॉ. अम्बेडकर के प्रशासनिक विचार का लोकार्पण, प्रस्तुति, अजय नावरिया, अपेक्षा, 27 घौंडली, कृष्णा नगर, दिल्ली-110 051, जुलाई-सितम्बर, 2004, पृ. 172-73
2. 'डॉ. अम्बेडकर के प्रशासनिक विचार' पुस्तक का लोकार्पण, रिपोर्ट, राष्ट्रीय सहारा, नयी दिल्ली, 1 सितम्बर, 2004
3. डॉ. अम्बेडकर के प्रशासनिक विचार, समीक्षक, राहुल सिंह, Management in Government, Department of Administrative Reforms and Public Grievances, Govement of India, Sardar Patel Bhawan, Sansad Marg, New Delhi-110 001, April-June, 2008, pp. 77-80
4. अम्बेडकर चिन्तन और हिन्दी दलित साहित्य (उपलब्धियाँ और अपेक्षाएँ), पी. एन. सिंह, आधार प्रकाशन प्रा. लि., एस. सी. एफ., 267, सेक्टर 16, पंचकूला, हरियाणा-134 113, प्रथम संस्करण, 2009, पृ. 13, 17-20, 24, 26, 114-15, 171-72, 206, 210, 215
5. अम्बेडकरवादी आंदोलन के मूल्यांकन का सही समय, दिनेश राम, बहुरि नहिं आवना, एफ-345, बैंक वाली गली, लाडो सराय, नई दिल्ली-110 030, जनवरी-मार्च, 2009, पृ. 3-5
6. अम्बेडकरवादी साहित्य की अवधारणा, तेज सिंह, अपेक्षा, 27-घौंडली, कृष्णा नगर, दिल्ली-110 051, जुलाई-सितंबर, 2004, पृ. 9
7. अपराधी कौन, डॉ. धर्मवीर, जनसत्ता, दिल्ली, 17 जनवरी, 2010, पृ. 7
8. 'अशोक बनाम वाजपेयी : अशोक वाजपेयी' नामक डॉ. धर्मवीर की पुस्तक पर रमेश दत्त दुबे द्वारा 15 जनवरी, 2005 की सुबह 11 बजे इंडिया इंटरनेशनल सेन्टर, नई दिल्ली में लोकार्पण-भाषण
9. अस्पृश्य किस देश के नागरिक हैं, धर्मवीर, राज किशोर द्वारा सम्पादित पुस्तक 'आज के प्रश्न-10 : मानव अधिकारों का संघर्ष' में संकलित, वाणी प्रकाशन, 21-ए, दरियागंज, नई दिल्ली-110 002, संस्करण, 2004, पृ. 76-90

10. आज विश्व का कोई ऐसा देश नहीं है जहाँ पर तथागत के विचारों को मानने वाले और उन पर चलने वाले न हों, डॉ. कमल सिंह, बयान, बी.जी. 5 ए/30-बी, पश्चिम विहार, नई दिल्ली-110 063, मार्च, 2010, पृ. 6
11. आजादी का दायरा, दिनेश राम, जनसत्ता, नई दिल्ली, 18 अप्रैल, 2010, पृ. 6
12. आत्ममुग्ध चिन्तन, रमेशचंद मीणा, जनसत्ता, दिल्ली संस्करण, 14 मार्च, 2010, पृ. 7
13. आंबेडकर और दलित, कैलाश दहिया, जनसत्ता, नई दिल्ली संस्करण, 14 जून, 2010, पृ. 6
14. आरक्षण पर सार्थक बहस, धर्मवीर, दूसरा शनिवार, सम्पादक, राज किशोर, सी-53, एक्सप्रेस अपार्टमेन्ट्स, दिल्ली-110 096, फरवरी, 1998, पृ. 43-4
15. आलोचकों को जज मान लिखी जा रही हैं कहानियाँ, आयोजन, प्रभाष जोशी, नामवर सिंह, प्रेम भारद्वाज, शैलेष और चन्दन पाण्डेय, पाखी, इन्डिपेन्डेन्ट मीडिया इनिशिएटिव सोसायटी, बी-107, सेक्टर-63, नोएडा-201 303, अगस्त, 2009, पृ. 56-70
16. इन दावों के निहितार्थ, जितेन्द्र कुमार यादव, जनसत्ता, नई दिल्ली संस्करण, 2 मई, 2010, पृ. 7
17. एक बौद्धिष्ट का फतवा, सम्पादकीय, मोहन दास नैमिशराय, बयान, बी. जी. 5ए/30-बी, पश्चिम विहार, नई दिल्ली-110 063, जून, 2007, पृ. 3
18. कबीर मंडन गांधी खंडन, डॉ. धर्मवीर, जनसत्ता, नई दिल्ली, 30 मार्च, 2003
19. कवि को कुछ और निकट से जानना, राकेश तिवारी, जनसत्ता, दिल्ली, 16 जनवरी, 2005
20. कविता, श्यौराज सिंह बेचैन, बहुरि नहिं आवत, एफ-345, बैंक वाली गली, लाडो सराय, नई दिल्ली-110 030, सितम्बर-नवम्बर, 2008, पृ. 7
21. कहानी हंसा की, डॉ. श्यौराज सिंह बेचैन, पुस्तक 'दलित-दुनिया' में संकलित, सम्पादक, प्रो. काली चरण स्नेही, नवभारत प्रकाशन, डी-626, गली नं. 1, अशोक नगर (निकट ललिता मन्दिर), शाहदरा, दिल्ली-110 093, प्रथम संस्करण, 2009, पृ. 189-98
22. कैसी अन्धभक्ति, रमेश चन्द मीणा, जनसत्ता, नई दिल्ली, 13 मई, 2010, पृ. 6
23. क्या शूद्र भी हिन्दू हैं?, धर्मवीर, पुस्तक 'आज के प्रश्न-3 : हिन्दू होने का मतलब' में संकलित, सम्पादक, राज किशोर, वाणी प्रकाशन, 21-ए, दरियागंज, प्रथम संस्करण, 1994, पृ. 91-7

24. गांधी जी के बारे में एक भ्रम, राज किशोर, जनसत्ता, नई दिल्ली, 13 मार्च, 2003

25. गोविन्द वल्लभ पंत सामाजिक विज्ञान संस्थान, इलाहाबाद में दलितों के खिलाफ चल रही साहित्यिक और सांस्कृतिक साजिश के बारे में आंखें खोलने का काम किया सोनकर जी ने, डॉ. भूरे लाल, बयान, बी. जी. 5ए/30-बी, पश्चिम विहार, नई दिल्ली-110 063, फरवरी, 2010, पृ. 5-6

26. घाव का इलाज, कैलाश दहिया, जनसत्ता, नई दिल्ली, 1 मई, 2010, पृ. 6

27. 'छांग्या रुक्ख'– आजीवक प्रश्न सहज ही उठ आए हैं, कैलाश दहिया, बहुरि नहिं आवना, एफ-345, बैंक वाली गली, लाडो सराय, नई दिल्ली-110 030, अप्रैल-जून, 2009, पृ. 33-5

28. जय भंगी, जय चमार : खण्ड—एक 'जूठन' का लेखक कौन है?, डॉ. धर्मवीर, मुहिम प्रकाशन, 60, ब्रह्मनान स्ट्रीट, हापुड-245 101, प्रथम संस्करण, 2006

29. जय भंगी, जय चमार : खण्ड—दो : दलित आत्मालोचन की प्रक्रिया, डॉ. धर्मवीर, मुहिम प्रकाशन, 60, ब्रह्मनान स्ट्रीट, हापुड-245 101, प्रथम संस्करण, 2007

30. जाति तोड़ने की बाबत, रामनाथ शिवेन्द्र, हंस, 2/36, अन्सारी रोड, दरियागंज, नई दिल्ली-110 002, दिसम्बर, 1998, पृ. 11-2

31. जातिविहीन समाज का सपना, धर्मवीर, पुस्तक 'जाति का जहर' में संकलित, सम्पादक, राज किशोर, वाणी प्रकाशन, 21-ए, दरियागंज, नई दिल्ली-110 002, प्रथम संस्करण, 1998, पृ. 72-81

32. जारकर्म पर मैं तलाक चाहता हूँ—डॉ. धर्मवीर, साक्षात्कार, कैलाश दहिया, बहुरि नहिं आवना, के-6, यमुना अपार्टमेंट, होली चौक, देवली, नई दिल्ली-110 062, जनवरी-मार्च, 2010, पृ. 13-7

33. जो हमारा है ही नहीं उसे पाने की इच्छा क्यूँ? : डॉ. धर्मवीर, कैलाश दहिया की बातचीत, बयान, बी. जी. 5ए/30-बी, पश्चिम विहार, नई दिल्ली-110 063, जुलाई, 2009, पृ. 27-8

34. ठंडे दिमाग से, कैलाश दहिया, जनसत्ता, नई दिल्ली, 8 अप्रैल, 2010, पृ. 6

35. ठहरे रहने की सलाह, आर. के. भट्ट, हंस, 2/36, अन्सारी रोड, दरियागंज, नई दिल्ली-110 002, मई, 1998, पृ. 7

36. तब लिखने का साहस नहीं हुआ : सूरजपाल चौहान से अजित राय की बातचीत, युद्धरत आम आदमी, विचार की कसौटी पर : मल-मूत्र ढोता

भारत (खण्ड-1), अतिथि संपादक, सुशीला टाकभौरे, रमणिका फाउंडेशन, ए-2-21, डिफेंस कॉलोनी, ग्राउंड फ्लोर, नई दिल्ली-110 024, पूर्णांक-97, 2009, पृ. 135, 141

37. तुम्हीं से मोहब्बत, तुम्हीं से लड़ाई, केदार प्रसाद मीणा, जनसत्ता, दिल्ली, 20 सितम्बर, 2009, पृ. 7

38. तुलसी की याद आना, डॉ. धर्मवीर, वाक्, सम्पादक, सुधीश पचौरी, 21-ए, दरियागंज, नई दिल्ली-110 002, प्रवेशांक, जनवरी-मार्च, 2007, पृ. 78-81

39. ...तो दलित ही रहेगी नारी—दलित चिन्तन का विकास : अभिशप्त चिन्तन से इतिहास चिन्तन की ओर, समीक्षक, दिवाकर, कादम्बिनी, एच. टी. मीडिया लि., 18-20, कस्तूरबा गांधी मार्ग, नई दिल्ली-110 001, मई, 2009, पृ. 50

40. दलित अस्मिता और गठबन्धन का प्रश्न, ईश कुमार गंगानिया, दलित साहित्य 2004 (वार्षिकी), सम्पादक, जय प्रकाश कर्दम, बी-634, डी.डी. ए. फ्लैट्स, ईस्ट ऑफ लोनी रोड, दिल्ली-110 093, पृ. 69-82

41. दलित इजारेदारी में इजाफा, श्रीभगवान सिंह, जनसत्ता, दिल्ली संस्करण, 31 मई, 2009

42. दलित का 'ना' हिन्दू होना, डॉ. धर्मवीर, अम्बेडकर इन इण्डिया, सेक्टर-11, 821/2, इन्दिरा नगर, लखनऊ-226 016, मई, 2009, पृ. 4-8

43. दलित चिन्तन, अमिता मिश्र, समकालीन भारतीय साहित्य, साहित्य अकादेमी, रवीन्द्र भवन, 35, फिरोजशाह मार्ग, नई दिल्ली-110 001, जनवरी-फरवरी, 2010, पृ. 181-84

44. दलित चिन्तन का नया इतिहासबोध, हरि नारायण ठाकुर, समीक्षा, एच-2, यमुना, इग्नू, मैदान गढ़ी, नई दिल्ली-110 068, जनवरी-मार्च, 2010, पृ. 26-7

45. दलित चिन्तन का नया सूत्र, विवेचक, प्रकाश, लोकमत समाचार, लोकमत भवन, पं. जवाहर लाल नेहरू मार्ग, पोस्ट बाक्स नंबर, 230, नागपुर-440 012, 28 दिसंबर, 2008, पृ. 2

46. दलित चिंतन का विकास : अभिशप्त चिंतन से इतिहास चिंतन की ओर, डॉ. धर्मवीर, दिनांक 14-17 अक्टूबर, 1997 को 'दि इण्डियन इंस्टीट्यूट ऑफ एडवांस्ड स्टडी, शिमला' के तत्वावधान में 'ब्लैक एंड दलित राइटिंग्स—सम रिसेंट ट्रेंड्स' के विषय पर आयोजित सेमिनार में पढ़ा गया

एक पर्चा; हंस, 2/36, अन्सारी रोड, दरियागंज, नई दिल्ली-110 032, मार्च 1998, पृ. 52-7 पर प्रकाशित; चमन लाल द्वारा सम्पादित पुस्तक 'दलित और अश्वेत साहित्य : कुछ विचार' के पृ. 57-70 पर प्रकाशित, प्रकाशक, भारतीय उच्च अध्ययन संस्थान, शिमला, प्रथम संस्करण, 2001

47. दलित चिन्तन का विकास : अभिशप्त चिन्तन से इतिहास चिन्तन की ओर, डॉ. धर्मवीर, दलित विमर्श : 1 (स्थापना) : हाशिये की वैचारिकी, संपादक, उमा शंकर चौधरी, अनामिका पब्लिशर्स एंड डिस्ट्रीब्यूटर्स (प्रा.) लि., 4697/3, 21 ए, अन्सारी रोड, दरियागंज, नई दिल्ली-110 002, प्रथम संस्करण, 2008, पृ. 173-87

48. दलित चिन्तन का विकास : अभिशप्त चिन्तन से इतिहास चिन्तन की ओर (समीक्षा), प्रेम शशांक, वर्तमान साहित्य, एम.आई.जी., अवन्तिका-I, रामघाट रोड, अलीगढ़, उत्तर प्रदेश-202 001, नवम्बर, 2009, पृ. 67-8

49. दलित चिंतन को मिटाने की मुहिम, डा. प्रेम सिंह, बहुरि नहिं आवना, के-6, यमुना अपार्टमेन्ट, होली चौक, देवली, नई दिल्ली-110 062, अप्रैल-जून, 2010, पृ. 29-32

50. दलित चिन्तन बनाम इतिहास, डॉ. शैलेन्द्र कुमार त्रिपाठी, हंस, 2/36, अन्सारी रोड, दरिया गंज, नई दिल्ली-110 002, जुलाई 1998, पृ. 68

51. दलित चिंतन बनाम बंधुआ चिंतन, डॉ. धर्मवीर, जनसत्ता, दिल्ली संस्करण, 7 मार्च, 2010, पृ. 7

52. दलित चिन्तन बनाम बंधुवा चिन्तन, धर्मवीर, हिमायती, 233 टैगोर पार्क, माडल टाउन, दिल्ली-110 009, मार्च द्वितीय, 2010, पृ. 3

53. दलित लेखक सूरज पाल चौहान से साक्षात्कार, डॉ. ललिता कौशल, हिन्दी की चर्चित दलित आत्मकथाएँ, डॉ. ललिता कौशल, साहित्य संस्थान, ई-10/660, उत्तरांचल कालोनी (निकट संगम हाल), लोनी बार्डर, गाजियाबाद, उत्तर प्रदेश, प्रथम संस्करण, 2010, पृ. 120-26

54. दलित विमर्श और आदिवासी विमर्श, केदार प्रसाद मीणा, बहुरि नहिं आवना, एफ-345, बैंक वाली गली, लाडो सराय, नई दिल्ली-110 030, अप्रैल-जून, 2009, पृ. 31-2

55. दलित विमर्श की दरारें, रमेश चन्द्र मीणा, जनसत्ता, नई दिल्ली संस्करण, 7 जून, 2007

56. दलित विमर्श : वर्तमान परिदृश्य : नया ज्ञानोदय, समन्वय, उमा शंकर चौधरी, नया ज्ञानोदय, 18, इंस्टिट्यूशनल एरिया, लोदी रोड, पोस्ट बाक्स

नं. 3113, नई दिल्ली-110 033, जून, 2005, पृ. 11-24
57. दलित समाज के नए 'साईं बाबा' : डॉ. धर्मवीर का बुद्ध तथा अम्बेडकर विरोधी धर्मयुद्ध, डॉ. तुलसीराम, भारत अश्वघोष, 199ए, ईगल पैलेस, मेडिकल चौक, नागपुन-440 009, महाराष्ट्र, मई-जून, 1998, पृ. 6-15, 44
58. दलित साहित्य की परिभाषा : समग्रता और पूर्णता की ओर, लेखक, धर्मवीर, दलित साहित्य 1999, सम्पादक, जय प्रकाश कर्दम, सी-19, डी.डी.ए. फ्लैट्स, ईस्ट ऑफ लोनी रोड, दिल्ली-110 093, पृ. 32-49
59. दलित साहित्य के तवे पर, मूल मराठी लेखक, नरेन्द्र शैलार, अनुवादक, शेखर, दलित साहित्य 2004 (वार्षिकी), सम्पादक, जय प्रकाश कर्दम, बी-634, डी.डी.ए. फ्लैट्स, ईस्ट ऑफ लोनी रोड, दिल्ली-110 093, पृ. 99-102
60. दलित साहित्य के नेतृत्व का सवाल, डा. यशवंत वीरोदय की पुस्तक 'हिंदी साहित्य की मुख्य धारा' का 7वाँ अध्याय, नव भारत प्रकाशन, डी/626, गली नं. 1, अशोक नगर, शाहदरा, दिल्ली-110 093, प्रथम संस्करण, 2010, पृ. 81-3
61. दलित होने की पीड़ा और संघर्ष, दिवाकर, हिन्दुस्तान, 24 जनवरी, 2010, गाजियाबाद नगर, संस्करण, पृ. 13
62. दलित होने की पीड़ा ओर संघर्ष, दिवाकर, वाणी प्रकाशन समाचार, वाणी प्रकाशन, 21-ए, दरियागंज, नयी दिल्ली-110 002, फरवरी, 2010, पृ. 22
63. दलितों का दर्शन क्या हो?, धर्मवीर, पुस्तक 'आज के प्रश्न-6 : हरिजन से दलित' में संकलित, वाणी प्रकाशन, 21-ए, दरियागंज, नई दिल्ली-110 002, प्रथम संस्करण, 1994, पृ. 143-55
64. दलितों पर सामन्ती अकड़ का बौद्धिक हंटर, रमेश निर्मल, जनसत्ता, नई दिल्ली, 6 अप्रैल, 2003
65. दार्शनिक, डॉ. धर्मवीर, बहुरि नहिं आवना, एफ-345, बैंक वाली गली, लाडो सराय, नई दिल्ली-110 030, जनवरी-मार्च, 2009, पृ. 31-2
66. धर्म की अवधारणा और दलित, वेद प्रकाश, अभिमूकनायक, 192, पाकेट डी, मयूर विहार, फेज-2, दिल्ली-110 092, दिसम्बर, 2006, पृ. 7
67. धर्म के वीर योद्धा का तार्किक चिन्तन, कैलाश दहिया, बयान, बी.जी. 5ए/30-बी, पश्चिम विहार, नई दिल्ली-110 063, अप्रैल, 2009, पृ. 80-82
68. डॉ. धर्मवीर की बातें तल्ख हो सकती हैं, लेकिन..., डॉ. अमरेन्द्र, भागलपुर,

नई धारा, सूर्यपुरा हाउस, बोरिंग रोड, पटना, बिहार-800 001, फरवरी-मार्च, 2010, पृ. 123-24

69. धर्मवीर जी के प्रशंसक होने के नाते, डोरी लाल भास्कर, बयान, बी. जी. 5ए/30-बी, पश्चिम विहार, नई दिल्ली-110 063, जनवरी, 2010 पृ. 7

70. डॉ. धर्मवीर पर मक्खलि गोसाल के पागलपन का प्रभाव, भद्रशील रावत, धम्म दीक्षा दिवस 2009 : समता युग—स्मारिका, समता बुद्ध विहार प्रबन्धक संघ, पश्चिम पुरी, क्लब रोड (प्रगति अपार्टमेन्ट के पास), नई दिल्ली-110 063, पृ. 22-30

71. डा. धर्मवीर हमारे समय के सबसे बड़े चिंतक हैं, प्रो. सुधीश पचौरी, बहुरि नहिं आवना, के-6, यमुना अपार्टमेंट, होली चौक, देवली, नई दिल्ली-110 062, अप्रैल-जून, 2010, पृ.34

72. नये इतिहास का संकेत, रत्न कुमार सांभरिया, हंस, 2/36, अन्सारी रोड, दरिया गंज, नई दिल्ली-110 002, मई, 1998, पृ. 7

73. निवेदन, कँवल भारती, पुस्तक, आजीवक परम्परा और कबीर अर्थात् दलित धर्म की खोज, स्वराज प्रकाशन, 7/14, गुप्ता लेन, अंसारी रोड, दरिया गंज, नई दिल्ली-110 002, प्रथम संस्करण, 2010, पृ. 7-8

74. पश्यन्ती का दलित-चेतना अंक : दलित सवालों पर एक गम्भीर विमर्श, कंवल भारती, अभिमूकनायक, स्वर्ण जयन्ती विशेषांक, जुलाई-अगस्त, 1998, पृ. 14

75. पाठक-प्रतिक्रिया, कँवल भारती, अपेक्षा, 27 घौंडली, कृष्णा नगर, दिल्ली-110 051, अप्रैल-जून, 2004, पृ. 9

76. पाठक-प्रतिक्रिया, पूरा राम, अपेक्षा, 27 घौंडली, कृष्णा नगर, दिल्ली-110 051, जनवरी-मार्च, 2004, पृ. 8-9

77. पाठक-प्रतिक्रिया, रमेश निर्मल, अपेक्षा, 27 घौंडली, कृष्णा नगर, दिल्ली-110 051, अक्तूबर-दिसम्बर, 2003, पृ. 2-3

78. पाती-थाती, आर. डी. आनंद, बहुरि नहिं आवना, के-6, यमुना अपार्टमेंट, होली चौक, देवली, नई दिल्ली-110 062, अप्रैल-जून, 2010, पृ. 12-3

79. पाती-थाती, चन्द्रिका प्रसाद सिंह विभाकर, बहुरि नहिं आवना, के-6, यमुना अपार्टमेन्ट, होली चौक, देवली, नई दिल्ली-110 062, जनवरी-मार्च, 2010, पृ. 11

80. पाती-थाती, डॉ. राजेन्द्र बड़गूजर, बहुरि नहिं आवना, एफ-345, बैंक वाली गली, लाडो सराय, नई दिल्ली-110 030, जनवरी-मार्च, 2009, पृ. 6

81. पाती-थाती, डॉ. राजेन्द्र बड़गूजर, बहुरि नहिं आवना, एफ-345, बैंक वाली गली, लाडो सराय, नई दिल्ली-110 030, अप्रैल-जून, 2009, पृ. 6
82. पाती-थाती, रूप नारयण सोनकर, बहुरि नहिं आवना, के-6, यमुना अपार्टमेन्ट, होली चौक, देवली, नई दिल्ली-110 062, जनवरी-मार्च, 2010, पृ. 12
83. पाती-थाती, सुरेश पण्डित, बहुरि नहिं आवना, एफ-345, बैंक वाली गली, लाडो सराय, नई दिल्ली-110 030, संयुक्तांक, जुलाई-दिसम्बर, 2009, पृ. 8
84. प्रिय डॉ. श्यौराज सिंह जी, पत्र, डॉ. धर्मवीर, मेरा बचपन मेरे कंधों पर, श्यौराज सिंह बेचैन, वाणी प्रकाशन, 21-ए, दरियागंज, नई दिल्ली-110 002, प्रथम संस्करण, 2009, फ्लैप के पहले इनर भाग पर
85. बंधुआ चिंतन के विरुद्ध, यशवंत वीरोदय, जनसत्ता, नई दिल्ली, 1 अप्रैल, 2010, पृ. 6
86. बुद्ध मक्खलि गोसाल को सब आचार्यों में सबसे अधिक खतरनाक समझते थे, डॉ. धर्मवीर, बयान, बी.जी. 5 ए/30-बी, पश्चिम विहार, नई दिल्ली-110 063, जून, 2009, पृ. 7
87. बुद्ध मक्खलि गोसाल को सबसे खतरनाक क्यों मानते थे?, ज्योति स्वरूप, बयान, बी.जी. 5 ए/30बी, पश्चिम विहार, नई दिल्ली-110 063, सितम्बर, 2009, पृ. 9
88. बुनियाद—बेबुनियाद, दिनेश राम, जनसत्ता, नई दिल्ली संस्करण, 9 मई, 2010, पृ. 7
89. भाजपा प्रगतिगामी है, सुधीर सुमन, हंस, 2/36, अन्सारी रोड, दरिया गंज, नई दिल्ली-110 002, मई, 1998, पृ. 8-9
90. मक्खलि गोसाल का नियतिवाद अथवा भाग्यवाद, शेखर, बयान, बी.जी. 5 ए/30बी, पश्चिम विहार, नई दिल्ली-110 063, नवम्बर, 2009, पृ. 6-7
91. मक्खलि गोसाल के मानसपुत्र : बौद्ध धम्म और डॉ. आम्बेडकर की आलोचना के जवाब में, सम्पादक, शान्ति स्वरूप बौद्ध, सम्यक प्रकाशन, 32/3, क्लब रोड, पश्चिमपुरी, नई दिल्ली-110 063-08, प्रथम संस्करण, 2010
92. मदद की गुहार, धर्मवीर, जनसत्ता, दिल्ली, 4 अप्रैल, 2010, पृ. 7
93. महान आजीवक बाबा साहेब डॉ. अम्बेडकर, डॉ. दिनेश राम, बहुरि नहिं आवना, एफ-345, बैंक वाली गली, लाडो सराय, नई दिल्ली-110 030, अप्रैल-जून, 2009, पृ. 3-5

94. महापुरुषों का बँटवारा, धर्मवीर, पश्यन्ती, 3/3, आई.एन.एस. बिल्डिंग, रफी मार्ग, नई दिल्ली-110 001, अप्रैल-जून 1998, पृ. 24-37

95. मान्यवर कांशीराम : जस की तस धर दीन्ही चदरिया, डॉ. दिनेश राम, बहुरि नहिं आवना, के-6, यमुना अपार्टमेंट, होली चौक, देवली, नई दिल्ली-110 062, जनवरी-मार्च, 2010, पृ. 27-31

96. मुक्त चिन्तन की ओर—दलित चिन्तन का विकास : अभिशप्त चिन्तन से इतिहास चिन्तन की ओर, समीक्षक, सुभाष गौतम, समयान्तर, 79-ए, दिलशाद गार्डन, दिल्ली-110 095, अक्टूबर, 2009, पृ. 49-50

97. मुख्यधारा से वंचित रहना ही बेहतर : ओम प्रकाश वाल्मीकि से सुधीर सागर की बातचीत, युद्धरत आम आदमी, विचार की कसौटी पर : मल-मूत्र ढोता भारत (खण्ड-1), अतिथि सम्पादक, सुशीला टाकभौरे, रमणिका फाउन्डेशन, ए-2-21, डिफेंस कॉलोनी, ग्रा. फ्लोर, नई दिल्ली-110 024, पूर्णांक-97, 2009, पृ. 129-30

98. मुद्राराक्षस : एक विदेशी शूद्र, डॉ. धर्मवीर, अम्बेडकर इन इण्डिया, पूनार आफसैट, गुईन रोड, अमीनाबाद, लखनऊ-226 018, दिसम्बर, 2007, पृ. 39-41

99. या तो बुद्ध, नहीं तो नामवर—यही नियति है, डॉ. दिनेश राम, बहुरि नहिं आवना, के-6, यमुना अपार्टमेंट, होली चौक, देवली, नई दिल्ली-110 062, जनवरी-मार्च, 2010, पृ. 5-10

100. वरिष्ठ दलित साहित्यकार मोहनदास नैमिशराय से साक्षात्कार, डॉ. ललिता कौशल, हिन्दी की चर्चित दलित आत्मकथाएँ, डॉ. ललिता कौशल, साहित्य संस्थान, ई-10/660, उत्तरांचल कालोनी (निकट संगम हाल), लोनी बार्डर, गाजियाबाद, उत्तर प्रदेश, प्रथम संस्करण, 2010, पृ. 132-35

101. वैश्वीकरण और इलेक्ट्रोनिक मीडिया शब्द की सत्ता समाप्त नहीं कर सकती, प्रो. शिव कुमार मिश्र से जगन्नाथ पण्डित की बातचीत, नई धारा, सूर्यपुरा हाउस, बोरिंग रोड, पटना-800 001, दिसम्बर-जनवरी, 2009, पृ. 18-26

102. सम्पादक के नाम पत्र, अशोक कुमार, बयान, बी.जी. 5 ए/30बी, पश्चिम विहार, नई दिल्ली-110 063, जून, 2007, पृ. 5

103. डॉ. श्यौराज सिंह बेचैन से साक्षात्कार, डॉ. ललिता कौशल, हिन्दी की चर्चित दलित आत्मकथाएँ, डॉ. ललिता कौशल, साहित्य संस्थान, ई-10/660, उत्तरांचल कालोनी (निकट संगम हाल), लोनी बार्डर, गाजियाबाद, उत्तर प्रदेश, प्रथम संस्करण, 2010, पृ. 109-18

104. सम्पादक के नाम पत्र, मलखान सिंह, बयान, बी.जी. 5 ए/30बी, पश्चिम विहार, नई दिल्ली-110 063, दिसम्बर, 2009, पृ. 5
105. सम्पादक के नाम पत्र, मुसाफिर बैठा, बयान, बी.जी. 5 ए/30बी, पश्चिम विहार, नई दिल्ली-110 063, मार्च, 2010, पृ. 5
106. संपूर्ण क्रान्ति के लिए वर्ग एवं वर्ग उन्मूलन की भूमिका, डॉ. धर्मवीर, पुस्तक 'जाति : एक विमर्श' में संकलित, अनुवाद और सम्पादन, डॉ. जय प्रकाश कर्दम, नवभारत प्रकाशन, डी-626, गली नं. 1, अशोक नगर (निकट ललिता मन्दिर), शाहदरा, दिल्ली-110 093, द्वितीय संस्करण, 2004, पृ. 25-31
107. संविधान में अपेक्षित दो पुनरीक्षण-I, डॉ. धर्मवीर, नवभारत टाइम्स, नई दिल्ली
108. संविधान में अपेक्षित दो पुनरीक्षण-II, डॉ. धर्मवीर, नवभारत, टाइम्स, नई दिल्ली
109. समकालीन हिन्दी दलित विमर्श, रामचन्द्र, कृति संस्कृति सन्धान, बी 2/51, रोहिणी सेक्टर-16, दिल्ली-110 085, अंक 3 (संयुक्तांक), जनवरी 2004 से मार्च 2005, पृ. 123-32
110. सार्थकता शब्दों की, डॉ. धर्मवीर, आजकल, पटियाला हाउस, नई दिल्ली-110 001, जनवरी, 1987, पृ 12-4
111. साहित्य-विमर्श में अम्बेडकरवादी आन्दोलन, ईश कुमार गंगानिया, अपेक्षा, 27-घौंडली, कृष्णा नगर, दिल्ली-110 051, पृ. 120-27
112. सूत न कपास, प्रस्तुति, राजकिशोर, जनसत्ता, नई दिल्ली, 30 मार्च, 2003
113. हरे भरे घाव, इमरान परवेज, जनसत्ता, नई दिल्ली, 23 अप्रैल, 2010, पृ. 6
114. हाथ की रेखाएँ, डॉ. धर्मवीर, पुस्तक 'दलित-दुनिया' में संकलित, सम्पादक, प्रो. कालीचरण स्नेही, नवभारत प्रकाशन, डी-626, गली नं. 1, अशोक नगर (निकट ललिता मन्दिर), शाहदरा, दिल्ली-110 093, प्रथम संस्करण, 2009, पृ. 306-312
115. हिन्दी दलित कथा-साहित्य : अवधारणाएँ और विधाएँ, रजत रानी 'मीनू', अनामिका पब्लिशर्स एंड डिस्ट्रीब्यूटर्स (प्रा.) लिमिटेड, 4697/3, 21 ए, अंसारी रोड, दरियागंज, नई दिल्ली-110 002, प्रथम संस्करण, 2010, पृ. 75-7, 189-90, 254-55 (पहला खत)
116. हिन्दी साहित्य की मुख्य धारा के नायक : डा. धर्मवीर, डा. यशवंत वीरोदय की पुस्तक 'हिन्दी साहित्य की मुख्य धारा' का छठा अध्याय, नव भारत

प्रकाशन, डी/626, गली नं. 1, अशोक नगर, शाहदरा, दिल्ली-110 093, प्रथम संस्करण, 2010, पृ. 78-80

117. हिन्दी साहित्य की मुख्य धारा बनाम हिन्दी आलोचना, डा. यशवंत वीरोदय की पुस्तक 'हिन्दी साहित्य की मुख्य धारा' की भूमिका, नव भारत प्रकाशन, डी/626, गली नं. 1, अशोक नगर, शाहदरा, दिल्ली-110 093, प्रथम संस्करण, 2010, पृ. 18-28

118. 'हिन्दी' 'साहित्य' के 'इतिहास' की 'राजनीति', डॉ. धर्मवीर, अम्बेडकर इन इण्डिया, सम्पादक, क्रान्ति कुमार निगम, पूनार ऑफसेट, गुईन रोड, अमीनाबाद, लखनऊ-226 018, अगस्त, 2006, पृ. 16-20

119. हिन्दुत्व : परिभाषित और अपरिभाषित, धर्मवीर, राज किशोर द्वारा सम्पादित पुस्तक 'आज के प्रश्न-11 : हिन्दुत्व की राजनीति' में संकलित, वाणी प्रकाशन, 21-ए, दरिया गंज, नई दिल्ली-110 002, प्रथम संस्करण, 1996, पृ. 155-77

## II. English

120. The Bijak Paternity, Dr. Richard Slater, Economic and Social Policy Reform in India : Papers on Selected Research Themes under the Queen Elizabeth House Visiting Fellowship Programme, 1999/2000 Batch, Edited by Dr. Richard Slater, University of Oxford, Queen Elizabeth House, International Development Centre, pp. 37-41

121. Buddhism : A Halt or a Destination for Dalits?, Dr. Dinesh Ram, Shaheed Bhagat Singh College, Delhi University

122. Mahatmai Prescription of Gandhiji on Paternity, Dr. Dharam Veer, Forum for Social Equality News, Volume 1, No. 7, October, 2000, Force News House No. 4, Officers Nagar, Oottukuzhi, Thiruvananthapuram-695 001, pp. 14-5

123. The Indomitable Man with a Mission, Sheoraj Singh Bechain, The Sunday Pioneer, 17 October, 1999

124. Skewed Faith Unravelled, I. Santha Kumar, The Secular Humanist, Deepthi, Kunduvara Chempukavu, Trichur-680 020, Kerala, May, 2003, p. 5

125. Twenty One Thesis on Dalit Language, Literature and Thought, Presented by Dr. Dharam Veer, I.A.S., at the South Indian Literary Workshop held from 27th to 29th May 2002, Organised by the Scheduled Caste Development Department, Government of Kerala, at the Vailoppilly Sanskriti Bhavan, Thiruvananthapuram

# अनुक्रमणिका

❑❑